Johannes Gross

Phönix in Asche

Johannes Gross

Phönix in Asche

Kapitel zum westdeutschen Stil

Deutsche Verlags-Anstalt

Stuttgart

CIP-Titelaufnahme der Deutschen Bibliothek

Gross, Johannes:
Phönix in Asche : Kapitel zum westdeutschen Stil
Johannes Gross. – 2. Aufl. –
Stuttgart : Deutsche Verlags-Anstalt, 1989
ISBN 3-421-06497-0

2. Auflage August 1989
© 1989 Deutsche Verlags-Anstalt GmbH, Stuttgart
Alle Rechte vorbehalten
Satz: Setzerei Lihs, Ludwigsburg
Druck und Bindearbeit: Mohndruck
Graphische Betriebe GmbH, Gütersloh
Printed in Germany

Für Horst Janssen

ein Zeichen von Freundschaft

Daniel von Czepko

Fragment 1632

Wo Freyheit ist und Recht, da ist das Vaterland,
Dis ist uns aber nun und wir ihm unbekannt:
Es streite, wer da wil. Es ist dahin gekommen,
Der falsche Frieden hat das Land nun eingenommen:
    Die Faulheit aber uns. Doch wüte dar und hier.
    Auch aus der Asche wirfft die Freyheit Flammen für.
Die kein Blut nicht verlöscht. Laß alle Kirchen schliessen,
Und jage Gott selbst aus, er kommt in die Gewissen.

Inhalt

Vorbemerkung

Der Stil, das ist der Mensch selber, heißt ein gern zitiertes Wort Buffons. Die Kapitel zum westdeutschen Stil, die hier dem Leser vorgelegt werden, haben die Absicht, nicht Äußerlichkeiten, sondern Grundbestände gesellschaftlichen Verhaltens und politischer Verfassung der Bundesrepublik einzukreisen und zu beschreiben. Es treten dabei mehrfach Phänomene in den Blick, die Folgen für ganz verschiedene Bereiche gehabt haben – wie die Zentrumslosigkeit für die Politik, die ökonomische Verfassung und ein uns eigentümliches Medienverhalten; oder die vertikale und horizontale Gewaltenteilung; oder unser uraltes Prinzip von Proporz und Parität, worauf der Mitwirkungsanspruch aller an allem beruht und das tiefe Verlangen nach geographischer, ideologischer, überhaupt allgemeiner Ausgewogenheit: Jeder Exzentriker wird gleich zum Außenseiter.

Die Kapitel sind keine apodiktische Prosa, sondern Betrachtungen, die Zeitgenossen und Landsleute zu eigenen einladen, zustimmenden, ergänzenden, ablehnenden. Ihr Zusammenhang ergibt sich aus dem Gegenstand; sie sind ganz unsystematisch. Wiederum Buffon, gegen alle politische Philosophie: es ist leichter, ein System zu erdenken, als eine Theorie zu finden – die Struktur der Realität. Unsere Wirklichkeit ist unser Lehrmeister.

Köln, Frühjahr 1989 J. G.

Phönix in Asche

Der Vogel Phönix war, wie die alten Schriftsteller berichten, dem Adler in Form und Größe ähnlich, war am Schwanz bräunlich-schwarz, sein Körper scharlachrot, der Hals glänzte wie Gold. An seinem Ende verbrannte er zu Asche, aus der er sich als ein junger, neuer Phönix erhob, um in die Lüfte aufzusteigen. Die Bundesrepublik Deutschland hat sich aus Asche des Reiches gebildet, aber sich nicht in die Lüfte gehoben, sondern in der Asche Platz genommen wie in einem Nest.

Nicht in die Lüfte gehoben? Die erfolgreichste Exportnation der Welt? Das Land mit der besten Sozialversicherung, der kürzesten Arbeitszeit, der verläßlichsten Geldwertstabilität? Das Land, das, seit dem Dreißigjährigen Krieg ökonomisch zurückgefallen, erheblich verspätet erst in der zweiten Hälfte des 19. Jahrhunderts eine industrielle Aufholjagd begonnen hatte, zwei Weltkriege verlor und dann, nach der unbedingten Niederlage, in vier Jahrzehnten alle seine Nachbarn überholte? Das Land mit der modernsten Infrastruktur, den höchsten Kultursubventionen, den größten Studentenzahlen, den reichsten Kirchen und Gewerkschaften, den höchsten privaten Aufwendungen für humanitäre Zwecke in aller Welt? Doch, in allem, was statistisch greifen kann, was Zahlen belegen, was sich ökonomisch quantifizieren läßt, ist die Geschichte der Bundesrepublik nicht nur eine des Aufbaus, sondern des unerhörten Aufschwungs; nichts kommt diesem Erfolg in der langen Geschichte Deutschlands gleich. In der Tat, die Statistik müßte glauben machen, die Bundesrepublik sei ein reiches, stolzes, glückliches Land, von anderen nicht nur beneidet, sondern bewundert.

Aber Neid und Bewunderung gelten wiederum nur der Wirtschaft und allem was sie trägt, organisatorischer Effizienz und einer grundlegenden Ordentlichkeit der Menschen. Es besteht allerdings, Weltverächtern und Predigern verdrießlich, ein Zusammenhang von Reichtum, Stolz und Glück, auch historisch leicht nachzuweisen, doch ist es kein notwendiger. Glück und Stolz kommen auch in ärmlichen Zuständen einer Nation vor; vor allem ist es nicht Reichtum als statistisches Faktum, das öffentliche Zufriedenheit und Einverständnis einer Gesellschaft mit sich selber begründet, sondern was sie daraus zu machen versteht. Reichtum, in sechzig Millionen Renten oder Rentenansprüche parzelliert, löst keine Hochgefühle aus, so wenig wie die Saunen und Kellerbars, die im Land der Deutschen zu Hunderttausenden vorkommen.

In vierzig Jahren wachsenden Wohlstands hat der Staat Bundesrepublik nicht ein einziges Gebäude von architektonischem Rang errichtet, kein großes Denkmal in Auftrag gegeben, keine Musik, kein Bildwerk inspiriert – verschwände sie heute wie von Zauberhand, keine mit Sinnen wahrnehmbare Spur würde an sie erinnern. Durch konkludentes Handeln drückt das politische Phänomen Bundesrepublik einen Inferioritätskomplex aus, mögen seine Politiker auch gelegentlich auftrumpfende Reden halten. Was ihr Selbstbewußtsein wert ist, sagen die Steine, die nichts zu reden haben.

Nach der Empfindung seiner Bürger wird der Phönix dicker und behäbiger, aber er fliegt nicht; er breitet nicht einmal seine Flügel aus. Wenn der Staat Flagge zeigt, tut er es halbmast, seine Feiertage sind Trauertage, die Bekundungen der Staatsmänner triefen von Betroffenheiten. Seine Geschichte ist in Wahrheit die des NS-Regimes und der Gedenktage seiner Greuel. Seine Zukunft hat nach dem öffentlichen Bewußtsein, dem die Politik nicht mehr dreinredet, Katastrophen als Gegenstand und Ziel. Vierzig Jahre nach Gründung des erfolgreichsten Staates ihrer Geschichte wendet sich in Wahlen ein Drittel der Bürger Parteien zu, die nur noch am Rand mit ihm zu tun haben wollen.

Die seelische Realität der Republik liegt weit neben der ökonomischen; die politische auch, selbst jenseits der Miserabilität ihrer öffentlichen Darstellung. Soweit sich ihre Politik unmittelbar auf wirtschaftliche Macht gründen läßt, ist die Stellung der Bundesrepublik imponierend – im Konzert der Europäischen Gemeinschaft und in Konferenzen der »Siebenergruppe«, die über die Weltwirtschaft befindet (USA, Japan, Großbritannien, Frankreich, Kanada, Italien). Der Einfluß im Ostblock ist gleichfalls fast ausschließlich Ausfluß des Ökonomischen. Die Bundesrepublik ist Kredit-, nicht Ideengeber, formuliert kaum eigene Interessen, sondern verlangt höchstens »interests« in der Kaufmannssprache, also Zinsen.

Wo das Ökonomische nicht unmittelbar durchschlägt, ist, nirgends deutlich ausgesprochen, aber allenthalben dumpf gefühlt, der Einfluß der Bundesrepublik zurückgegangen. Von ihr gehen kaum außenpolitische Initiativen aus, sie werden auch nicht mehr erwartet. Zu den Initiativen anderer – von Südafrika/Namibia über Golfkrieg und Frieden im Nahen Osten bis zum Marxismus in Mittelamerika – verhält sie sich rezeptiv, meist retardierend, auf genügend Druck zustimmend. Seit Adenauers Westpolitik und Brandts Ostpolitik hat die Bundesrepublik keine wahrnehmbare Außenpolitik gehabt. Wegen ihrer langen Amtsdauer sind unsere Außenpolitiker, Minister und Kanzler, gut bekannt in der Welt, aber sind sie auch respektiert? Zu Adenauers Zeit hätten selbst bei so törichtem Fehlverhalten wie unserem Industrieengagement in Libyen weder die Medien noch die Politiker der USA mit dem Verbündeten am Rhein so umzuspringen gewagt. Das Prestige unseres Landes draußen hat sich umgekehrt zum Bruttosozial-produkt entwickelt.

Dem entspricht die Wert- und Hochschätzung, die die Bürger der Bundesrepublik der amtierenden Politik widmen. Die Verfassung und ihre Institutionen gelten unangefochten; aber vordem waren auch die Inhaber der Ämter als Respektspersonen angesehen, ihre Titel wurden selbstverständlich verwendet, selbst Landesminister und Mitglieder des Bundestages als Notabeln von Beachtlichkeit angesehen, denen öffentlicher Ehrenerweis zukam. Das hat sich sehr verändert und nicht etwa wegen des Demutsbefehls, den der Bundespräsident Heinemann an alle anderen Amtsinhaber zu adressieren pflegte. Heute sind sie zu politischen Funktionären geworden, eher gelitten als wohlgelitten, und können kraft Amtes allein wenig Hochachtung bei allen erwecken, die nichts von ihnen zu erhoffen oder zu befürchten haben. Das Amtscharisma, in der Politik immer selten, ist bei uns gänzlich abgeschafft.

Dieser Niedergang ist nicht nur der jetzt regierenden Generation zuzurechnen, ihrem politischen Untalent, gegen das das Genie der Gründer glanzvoll abzuheben wäre. Er ist in den Anfängen der Republik begründet. Das Grundgesetz von 1949 hatte sich mit großer Vehemenz gegen vermutete und wirkliche Schwächen der Weimarer Verfassung gewendet. Diese Grundtendenz entsprach ganz der Politik der Anfangsjahre, die alles, was weimarisch schien, verteufelte (und statt dessen eine weit entschiedenere Parteienherrschaft ins Werk setzte), während mit Erbstücken des NS-Regimes vergleichsweise milde verfahren wurde. Der Hitlerismus war ja geschlagen und verschwunden, gegen eine Wiederkehr, die wirklich nicht zu besorgen war, ward mancherlei Vorkehr getroffen, doch die Befassung mit seinen Greueln geschah zögernd, und keinesfalls wollte die Bundesrepublik antifaschistisch sein; das Wort war als Kampfvokabel von den Kommunisten okkupiert. So blieben nach einer ersten Säuberung des Beamtentums von Naziflecken viele Hoheitsträger als unentbehrlich für den Aufbau im Dienst. Man wollte es gerade nicht machen wie die Nazis; und darum blieben die Nazis im Amt. Es spielte auch das deutschen Herzen teure Prinzip von Kontinuität und Stabilität hinein. Das Nazireich hatte schließlich Obrigkeit besessen, wenn auch eine kriminelle; und es ging gegen die antirevolutionären Instinkte der deutschen Tradition, öffentlich zuzugeben, daß während einer bestimmten Periode ganze Obrigkeiten, alle an ihr beteiligten Führungsschichten, alles falsch gemacht haben sollten. Es entsprach einem tiefen seelischen Bedürfnis, den Nationalsozialismus einerseits als exotisches Phänomen zu isolieren und andererseits die unleugbaren großen Greuel nicht konkreten Verantwortlichen, Führungspersonen oder Führungsgruppen, zuzuordnen, sondern sie als Kollektivschuld dem ganzen Volk aufzubürden, was die Feststellung großer Schuld im Einzelfall nicht ausschloß, aber im allgemeinen entbehrlich machte. Der Präsident Heuss, der im Reichstag 1933 dem Ermächtigungsgesetz zugestimmt hatte, sprach 1949 von der Notwendigkeit kollektiver Scham.

Seither arbeiten wir auf, was die Gründer der Bundesrepublik zu tun unterlassen hatten. Daß der Schatten Hitlers über Deutschland immer düsterer und dichter geworden ist und das öffentliche Bewußtsein mit Inhalten munitioniert wie kein anderes Thema, läßt sich mit dem Nachholen ausgebliebener Trauerarbeit oder Vergangenheitsbewältigung nicht erklären. Geschichte schreiben ist eine Art, sich das Vergangene vom Halse zu schaffen, hat Goethe gemeint. Wir sind weiter als 1945 davon entfernt, die Geschichte des Nationalsozialismus zu schreiben: Wir wollen ihn uns vom Halse schaffen, aber als Schuld soll er gegenwärtig bleiben.

Es läßt sich ein dreifacher Grund für den drückender gewordenen Schatten Hitlers über den Deutschen ausmachen. Der erste: Je mehr das Jahrhundert dem Ende sich zuneigt, desto deutlicher wird es, daß Hitler seine zentrale Figur gewesen ist.

Der Nationalsozialismus bildet die Zentenarzäsur. Aus seiner Niederlage ist eine neue Weltordnung gefolgt – mit den beiden Supermächten und der Dritten Welt. Das war vor vierzig Jahren weniger deutlich erkennbar als heute und erklärt das Faszinosum, das Hitler und sein Verbrechen für den Erdkreis und besonders die Deutschen darstellt. Der zweite Grund ist die wachsende Entleerung der Weltpolitik. Das Zeitalter der Kriege ist in Europa dahin und zwischen den Supermächten auch. Nur Konflikte von Staaten, deren Schicksal nicht menschheitsbewegend ist, bleiben als bewaffnete erlaubt. Selbst der Streit, der schon vor Hitler das Jahrhundert zu bestimmen schien, der zwischen Kapitalismus und Kommunismus, ist entschieden, seit das sozialistische Lager die kommunistischen Doktrinen offiziell aufzugeben beginnt. Es stellt sich so dar, als sei der Sieg über Hitlerdeutschland der letzte große Sieg gewesen, den die Weltgeschichte den Weltmächten vergönnt hat; auf dessen Beschwörung als Teil ihrer historischen Identität und ihrer moralischen Legitimität können sie um so weniger verzichten, als neue heroische Stoffe nicht mehr auffindbar sind. Eine ähnliche Wirkung hat der Substanzverlust der deutschen Politik im Innern, der durch Moralisieren aufgefüllt wird. Reue sei Zeitverschwendung, sagte der Dichter; aber wenn Zeit vertrieben werden muß, wird Reue zur sozial nützlichen Beschäftigung. Der dritte Grund schließlich darf nur angedeutet werden. Die Verwaltung der deutschen Schuld und die Pflege des deutschen Schuldbewußtseins sind ein Herrschaftsinstrument. Es liegt in der Hand aller, die Herrschaft über die Deutschen ausüben wollen, drinnen wie draußen.

Die deutschen Landsleute scheinen sich bei alldem nicht unwohl zu fühlen. Sie benehmen sich wie resozialisierte Kriminelle, die nie wieder mit der Polizei zusammengeraten, sondern sich aus schmutzigen Geschäften heraushalten wollen und nun auf ehrliche Weise mehr Wohlstand erreicht haben, als sie an Beute je hätten erlangen können. Das ist die private, öffentlich nicht zugegebene und nicht wirksame Gesinnung vieler, die der öffentlichen Misere keinen Abbruch tut.

Das Mißvergnügen deutscher Intellektueller an ihrem Staat hat an der öffentlichen Misere einen geringeren Teil. Es drückte zunächst die Enttäuschung der ideell gestimmten Kriegsheimkehrer aus, die von einem anderen Phönix träumten als dem, der heute im Nest sitzt. Sie wollten nach Rückkehr aus der bedingungslosen Niederlage das bedingungslos Neue und Andere, träumten von einem neuen Jerusalem, einem Garten der Vernunft, einem Lager von Freiheit und Brüderlichkeit und fanden daheim die alten Männer vor, die Macht und Einfluß schon verteilt hatten und niemanden zuließen, der sich nicht unterwarf. So ist es den Kriegern oft, unter allen Völkern, ergangen, die mit dem Wunsch nach Umgestaltung und Erneuerung aus dem Feld zurückkehrten – nach den Napoleonischen Kriegen, nach dem Ersten und dem Zweiten Weltkrieg. Sie definieren sich bald als *lost generation* und können im Glücksfall ihre Verbitterung literarisch verwerten, ohne zur Macht oder zu der Chance der Realisierung ihrer Träume je Zutritt zu erhalten. Günter Grass hat noch im schleswig-holsteinischen Wahlkampf 1988 in echter Empörung gegen Adenauer gestritten. Die Folgegenerationen erben diese Enttäuschung wie die Vertriebenen ihr Heimatrecht. Aber ihr Gegenbild zum Phönix bleibt ein Schemen, wesen-, konturenlos.

Die Bundesrepublik hatte sich als Pseudoprovisorium konstituiert. Es sollte ein voll ausgebildeter Staat sein, staatsrechtlich identisch mit dem Deutschen Reich, auch Modell für ein künftiges gesamtes Deutschland. Kein Attribut der Staatlichkeit fehlte, außer der militärischen Macht, und provisorisch war nur eines: der Vorbehalt der Wiedervereinigung. Das Militär wurde erst später in die Verfassung eingearbeitet, hat aber nicht zur Komplettierung des Verfassungsbestandes beigetragen, sondern eher den Provisoriumscharakter verstärkt. Die Bundeswehr entstand als Notwendigkeit des Kalten Krieges und der Bündnispolitik Adenauers und hat eine andere Legitimität – als völlig normaler Teil eines Staates – nicht gewinnen können. Was in jeder Phase von Entspannung sichtbar wird und nach der amtlichen Beendigung des Kalten Krieges vor aller Augen liegt: Scheinbar steht sie, ihrer Geschäftsgrundlage beraubt, zur Disposition. In Wahrheit verhält es sich nicht so, doch bringt es die deutsche Politik nicht fertig, sie so in die Staatlichkeit zu integrieren, daß ihr Bestand unabhängig von weltpolitischen Stimmungen fraglos ist.

Einen großen Aufschwung hat unser Phönix nehmen sollen, als die »Wende« annonciert wurde. Die Wende nach der sozialliberalen Koalition konnte keine substantielle politische Wende sein – dergleichen ist im Ablauf der deutschen Politik und in Ansehung der durch Proporz und Parität abgestützten Kontinuität nicht vorgesehen –, doch eine geistig-moralische. Diese konnte auf mancherlei Weise verstanden werden (eine erläuternde Weisung der Wender blieb aus): eine andere Allokation gesellschaftlicher Energien, ein stärkeres Engagement gesellschaftlicher Initiativen beim Staat, die Begünstigung eines rationalen Diskurses zwischen Wählern und Gewählten und überhaupt lebhaftere, freiere Kommunikation aller mit allen über die Zwecke des Staates. Daraus ist dann gar nichts geworden. Benns Wort von der Truppe, die den »Faust« ankündigt und die »Husarenliebe« spielt, kommt in den Sinn. Auch dafür blieb der Beifall aus. Diskurs und Kommunikation erstarrten in einer allgemeinen Sprachlosigkeit, die Regierenden ließen die öffentliche Meinung einfach weglaufen, die ihre Sehnsucht nach einer gestaltenden Figur einem fernen Hoffnungskünder im Osten zuwendete, während im Innern Trägheit zur politischen Tugend avancierte.

Derweilen bleibt der Phönix am Leibe gesund und wächst zur Freude seiner Deutschen weiter. Vier Jahrzehnte, nachdem er aus der Asche kam, sitzt er noch darin und wartet. Er ist nicht eingeschlafen. Eines Tages fliegt er.

Die Entscheidungsunlust

der deutschen Politik

Die Bundesrepublik Deutschland stand, es ist noch nicht lange her, vor der Frage, ob sie nach jahrelangen Verhandlungen, an denen sie teilgenommen hatte, die Seerechtskonvention unterzeichnen oder nicht unterzeichnen solle. Der Bundesaußenminister trat dafür ein zu unterzeichnen, der Bundeswirtschaftsminister war dagegen. Diejenigen Kommentatoren, die sich primär am ökonomischen Interesse der Republik orientieren, waren sämtlich dagegen; die einen vermeintlich größeren Horizont wahrnehmen, nämlich die Stellung der Bundesrepublik Deutschland innerhalb der Völkergemeinschaft, waren dafür. Wie erklärt sich die Bundesrepublik in solchem Fall?

Auf höchst charakteristische Weise. Sie lehnt die Unterzeichnung ab, aber beschließt gleichzeitig, sich im Ministerrat der Europäischen Gemeinschaft der Stimme zu enthalten, um auf diese Weise die Unterzeichnung durch die Europäische Gemeinschaft sicherzustellen, d. h. sie ringt sich durch zu einem klaren Nicht-Entschluß. Sie unterzeichnet nicht als Staat, aber sie läßt die Unterzeichnung als Mitglied der Europäischen Gemeinschaft zu. Eine indirekte völkerrechtliche Bindung ist eingetreten, aber die Gegner der Unterzeichnung können sagen: »Wir haben uns durchgesetzt«, und die Anhänger der Unterzeichnung können dasselbe für sich in Anspruch nehmen – d. h. es ist dieser Konflikt beigelegt, nicht entschieden worden. Daß das in Deutschland überwiegend nicht mit Kritik bedacht worden ist, unterscheidet sich von der ausländischen Reaktion allerdings, wo man schlechterdings nicht verstehen kann, daß eine so große Handelsnation, eine auch außenpolitisch noch nicht gänzlich verkommene Nation wie die deutsche, sich nicht entschließen mag, in einem Punkt, wo es um ihre eigenen Interessen geht, in völlig eindeutiger Weise durch Unterschriftsleistung oder auch deren Verweigerung Stellung zu nehmen.

Diese Entscheidungsunlust der deutschen Politik rührt nicht erst von heute, sondern hat tiefere Ursprünge, die im deutschen politischen Denken oder im deutschen Denken überhaupt begründet liegen. Wie es sich für einen guten Deutschen ziemt, wenn er über irgendeine Frage nachdenkt, empfiehlt es sich ihm, zunächst einmal die großen philosophischen Denker Deutschlands zu befragen; er mag mit drei der wichtigsten beginnen, lasse ausdrücklich Immanuel Kant aus – nicht bloß deswegen, weil er nicht in diese Reihe paßt, sondern weil er für unser politisches Denken fast folgenlos geblieben ist – und erwähne zunächst den großen Kardinal Nikolaus Cusanus, der im 15. Jahrhundert seine Philosophie gipfeln ließ in der Forderung oder in der Vorstellung der *Coincidentia oppositorum,* des endlichen Zusammenfalls der Gegensätze, zunächst in Gott realisiert, aber auch als menschliches Ideal zu denken. Gegensätze an sich sind verwerflich, gehören einer satanischen Welt an; dann, wenn das göttliche Prinzip durchgreift, findet man zu einer *Coincidentia oppositorum,* zum Zusammenklang der Widersprüche.

Leibniz hat einige Jahrhunderte später seine Weltweisheit auf die Meinung gegründet, es herrsche in der Welt eine prästabilierte Harmonie; zwar glauben die einzelnen Monaden, unabhängig voneinander zu operieren, aber doch auf der Grundlage eines schon vom Weltenschöpfer vorgegebenen Planes, der auf Harmonie hinausläuft. Auch hier das Bedürfnis, die Gegensätze auszuklammern, im Grunde alles unter dem Gesichts-

punkt des Konsensus zu sehen und auch der Nichtnotwendig-
keit, Entscheidungen zu treffen. Schließlich finden wir bei dem
einflußreichsten deutschen Denker, den es überhaupt gegeben
hat, bei Hegel, die Vorstellung, daß die Geschichte sich in
Dreierschritten vollzieht: von der These zur Antithese, schließlich zur Synthese. Auch hier nicht der Gedanke, daß These
oder Antithese siegen, daß eine Entscheidung stattfinden
müsse zwischen These und Antithese, sondern daß sie sich
zusammenfinden in einem Dritten, das dann freilich wieder
der Ausgangspunkt wird für den nächsten Dreierschritt, bis
schließlich am Ende der Zeiten, am Ende der Geschichte, die
endgültige Synthese in der Person des Weltgeistes, des lieben
Gottes, des preußischen Staates – oder was auch immer dafür
zu setzen sei – gefunden worden sein wird.

Auch der Reformator Luther, mit dessen Namen sich die
größten Wirkungen aus der Geschichte des deutschen Geistes
verbinden, war trotz aller gewissenhaften Unbedingtheit des
Charakters Teil und Verstärker einer Tradition, die die prinzipielle Option verabscheut, ihr ausweicht, sie, wenn möglich,
negiert – und, wenn nicht möglich, durch ein Drittes überhöht.
Wie Voltaire im Hinblick auf das heilige Abendmahl spottete,
essen die Katholiken Gott, die Reformierten Brot und die Lu-
theraner Brot mit Gott. Auch die Tiefgründigkeiten seiner dia-
lektischen Theologie fügen sich in den Zusammenhang – der
Christ ist frei und niemandem untertan, der Christ ist unfrei
und jedermann untertan ...

So ist es also schon eine dem deutschen Denken eigentümliche Weise, sich den Gang der Weltgeschäfte zu denken – nicht
durch Entscheidungszwänge zwischen Entweder-Oder, sondern, wo ein Sowohl-Als auch nicht gut möglich ist, durch das
Heraustreten eines von den Gegensätzen unabhängigen Dritten; aber jedenfalls keine Entscheidung, kein Sieger, kein Verlierer in den Auseinandersetzungen. Es hat dies etwas zu tun
mit der Tatsache, daß Deutschland immer ein Land der Mitte

war, das sich weder entscheiden konnte, noch auch unter Entscheidungsdruck in vielen Situationen gestanden hat. Wir sind immer das Land gewesen zwischen Ost und West. An unserer Ostgrenze fing der Osten an, an unserer Westgrenze begann der Westen. Wir selbst verstanden uns weder als westliches noch als östliches Land. Wir waren das Land zwischen den Romanen zu unserer Linken und den Slawen zu unserer Rechten, wenn man wie die Landkarten nach Norden blickt. Wir waren das Land der Mitte zwischen dem römischen Katholizismus auf der einen Seite und der griechisch-russischen Orthodoxie auf der anderen Seite, der einzige große gemischtkonfessionelle Staat, den es in der Weltgeschichte gegeben hat. Wir definierten infolgedessen auch immer – sprachlich ist das höchst aufschlußreich – das, was nicht zu uns gehört, mit einer generellen Bezeichnung, die es in anderen Sprachen kaum gibt, als »Ausland«. Was nicht deutsch ist, was nicht das Glück hat, zu Deutschland zu gehören, betrachten wir als »Ausland«, und die Leute, die nicht das Glück haben, Deutsche zu sein, sind, unterschiedslos zusammengefaßt, »Ausländer«. Die anderen haben, wenn sie zusammenfassende Vokabeln verwenden wollen, nur die Hilfsvokabel des »Fremden«; die Engländer müssen von »foreigners« reden, die Franzosen von »étrangers«, aber es ist nicht dasselbe, wenn wir einfach sagen: Ausland. Die anderen gehören halt nicht zum Land, sie sind »Ausland«.

Zugleich war dieses Land der Mitte eine Mitte, die, anders als das andere Land der Mitte, nämlich China, kein Zentrum besaß. Nach der alten Reichsverfassung fand die Kaiserwahl in Frankfurt statt, der Sitz des Kaisers war in Wien, der Reichstag tagte in Regensburg, das Reichskammergericht befand sich in Wetzlar. Ich referiere nur den allerletzten Stand, wie er sich von 1648 bis 1806, als Kaiser Franz die römische Kaiserkrone niederlegte und sich zum Kaisertum Österreich bekannte, bestanden hat. Dieses Land der Mitte hat auch weder einen per-

22

manenten Feind noch einen permanenten Verbündeten und
kann infolgedessen auch gar nicht prinzipiell optieren. Das Ge-
rede, das sich in Deutschland durchgesetzt hatte, es gäbe so
etwas wie einen Erbfeind – gemeint war damit in der preußischen Propaganda des 19. Jahrhunderts: Frankreich –, ist historisch unhaltbar, denn Frankreich ist zuweilen der Verbündete
Österreichs gewesen, über noch größere Strecken der Feind
und Konkurrent, aber eine preußische Erbfeindschaft gegen
Frankreich hat es überhaupt nie gegeben – im Gegenteil, Preußen hat Unterstützung nicht bloß von England, sondern auch
von Frankreich bezogen und sich gelegentlich gegen Österreich mit Frankreich verbündet.

Und so sah es im Reich generell aus: Es gab einzelne Territorien, die Feinde und Verbündete mit einer gewissen Zuverläs-
sigkeit hatten, das Reich als solches aber nicht. Es konnte auch
nicht prinzipiell optieren, etwa sich als westliche Macht verstehen oder als östliche; denn hätte das Heilige Römische Reich
Deutscher Nation eine westliche Nation sein wollen, hätte es
natürlich den Vorrang im Westen beanspruchen müssen, was
eine unabsehbare Folge von Konflikten heraufbeschworen
hätte – denn auch Frankreich verstand sich als westliche Vormacht, Spanien desgleichen; in diesen Wettkampf konnte das
Heilige Römische Reich nicht eintreten. Oder sollte das Heilige
Römische Reich sich als östliche Vormacht verstehen? Schon
vom Konzept her war das nicht möglich, denn es war dasje-
nige Reich, das für die ganze Christenheit, aber vornehmlich
die lateinische, den Protagonisten spielte, das einzige Reich,
das nicht Gesandte, sondern Botschafter entsandte, die einzige weltliche Herrschaft, deren Oberhaupt sich dem Papst
gleichrangig wähnte und das lange Jahrhunderte vergeblich
darum gerungen hat, daß der Titel »Stellvertreter Christi«,
den Innozenz III. für sich reklamiert hatte, mit Recht doch
dem Kaiser des Heiligen Römischen Reiches zuzustehen
habe. In einer solchen Situation optiert man nicht für oder

gegen, sondern man steht über Ost und West, über der Unterscheidung.

Aber dieses Land der Mitte neigte auch dazu, nicht über sich selbst und über seine eigenen inneren Angelegenheiten zu entscheiden. Das wurde sehr deutlich in der sogenannten »Itio in partes« im alten Reichstag. Als nämlich nach der konfessionellen Aufteilung das Reich doch zusammenblieb und nicht einfach auseinanderbrach, beschloß man, um es überhaupt beieinander halten zu können, daß jeweils die Protestanten auf ihrer Bank, die Katholiken auf der ihrigen einer Reichstagsvorlage (religiöse Angelegenheiten betreffend) zustimmen mußten und erst danach ein Reichstagsbeschluß zustande kam. Diese vorgängige »Itio in partes« schloß eine Mehrheitsentscheidung quer über die Bänke aus. Dies führte natürlich zu einer Entscheidungslosigkeit – übrigens dann auch andere Gegenstände betreffend –, die für die Reichspolitik kennzeichnend geblieben ist.

Dieses Land der Mitte hat zu Zeiten des alten Reiches auch nie eine definitive innere Vormacht gehabt. Nie hatten Preußen, Sachsen, Bayern eine Vormacht begründet, nie hat Österreich alle anderen bestimmt, nie haben die protestantischen Territorien über die katholischen definitiv gesiegt oder umgekehrt. Kurzum, man konnte im Gegensatz zu allen anderen europäischen Reichen nicht sagen, wer innerhalb der »Nation« der Herr war. Was in Frankreich völlig klar war, seit die Bourbonen von der Ile de France aus Frankreich beherrschten, und was seit der Tudor-Herrschaft in Großbritannien klar war, daß eben England ausschlaggebend war und irgendwann sich auch Schottland würde unterwerfen können, war im alten Reich nie klar. Infolgedessen verwundert es nicht, daß das politische Hauptinteresse in außenpolitischer Absicht nie auf einen Nenner gebracht werden konnte. Durch das ganze Mittelalter hindurch optierten die Kaiser für Italien und unternahmen unablässig Züge, um Italien ihrem Herrschaftsbereich einzuverleiben oder es darin zu stabilisieren. Das war unvermeidlich, weil man sich nicht gut Kaiser des Heiligen Römischen Reiches nennen kann, ohne die Stadt Rom zu seinem Besitztum zu zählen. Das war aber beispielsweise für Heinrich den Löwen von Sachsen überhaupt kein Grund, sich an Italienfeldzügen zu beteiligen. Er hielt den Osten, die Ostzüge für sehr viel wichtiger, so daß ein Teil der deutschen Territorien sich immer nach Osten orientierte und wiederum nur Teile des Reiches bereit waren, dem Kaiser auf seinen Italienfeldzügen zu folgen.

Daß das Land der Mitte, Deutschland, infolgedessen auch kein kohärentes Geschichtsbild hat, ergibt sich und braucht nur erwähnt zu werden. Wir haben in den Schulen gleichermaßen Karl V. *und* Gustav Adolf als große Figuren in der deutschen Geschichte sehen müssen, Friedrich den Großen *und* Maria Theresia.

Daß sich aus solchen widerstrebenden Elementen kein Geschichtsbild formen läßt, liegt zutage. Das ist nachhaltig demonstriert worden während der napoleonischen Periode, als die große deutsche Literatur gespalten war um die Erscheinung Napoleons auf der europäischen Bühne. Goethe sah – ebenso wie Hegel – in Napoleon das welthistorische Prinzip verkörpert und hing ihm eher an, genauso wie der alemannische Dichter Johann Peter Hebel oder später der Poet Heinrich Heine, während die große preußische Dichtung, vor allem Heinrich von Kleist, Napoleon aggressiv bekämpft hat. Das Geschichtsbild der Deutschen war völlig inkommensurabel und ist eigentlich erst im nachhinein, nach dem Sieg über Frankreich im Kriege 70/71, zugunsten der kleistischen Auffassung, der preußisch-antifranzösischen, festgelegt worden.

Zuvor hatte die Romantik versucht, im Vorfeld der deutschen Einigungsbewegung ein gemeindeutsches Geschichtsbild zu schaffen; erst damals wurde ein politischer Begriff von Deutschland stipuliert, den Ernst Moritz Arndt in seinem bekannten Lied noch nach dem Kriterium der Sprache be-

25

stimmte; erst die romantische Bewegung hat auch den Germanen wiederentdeckt, der vorher in unserer Geschichte keine große Rolle spielte; er ist ein Kunstprodukt, auf das dann die Nationalsozialisten emphatisch zurückgekommen sind. Niemand im 18., im 17., 16., 15. Jahrhundert hat sich für Hermann den Cherusker echauffiert; man hielt ihn bestenfalls für einen edlen Barbaren, der aber mit uns nicht eben viel zu tun hatte. Es ist eine ungerühmte Leistung der deutschen Romantik, daß wir dieses Germanentum so drastisch verspätet unserem politischen Geschichtsbild einverleibt haben.

Welche Schwierigkeiten damals bestanden, auch nur ein geographisches Bild von Deutschland zu zeichnen, ergibt sich noch aus der Tatsache, daß das auf der Insel Helgoland, die damals britisch war, von dem liberalen Dichter Hoffmann von Fallersleben geschriebene Nationalgedicht, das Deutschlandlied, in der ersten Strophe ein raumgreifendes Deutschland malt, das die Niederlande und ein Stück Dänemark mitfaßt.

Dann allerdings und spät in der Geschichte des Nationalstaates kam die erste große Wende in dieser Geschichte eines Landes der Mitte durch die Person des Reichskanzlers Bismarck, der eine fundamentale Entscheidung herbeiführte, indem er den Dualismus Preußen–Österreich beseitigte, Österreich im 66er Kriege aus »Deutschland« herausdrängte, Preußen als definitive Vormacht eines Reiches etablierte und damit auch eine territoriale Definition des deutschen Staates schuf, die bis auf den heutigen Tag »Deutschland« bestimmt. Er hat das Reich nicht mehr verstanden als Reich im alten Sinne: Das wilhelminische Reich war Reich nur noch in der Titulatur, es verband sich nichts Politisches mehr mit der mittelalterlichen Reichsvorstellung. Bismarck hat konsequent keinen Expansionismus, keine ausgreifende Kolonialpolitik gewollt, sondern das Deutsche Reich als europäische Kontinentalmacht gesehen, er war gegen die Teilnahme Deutschlands an den österreichischen Verwicklungen auf dem Balkan, und seine Vorstellung, wie

Deutschland stabilisiert werden könne, war eine ganz originelle: nämlich durch eine haltbare europäische Friedensordnung, die voraussetzte, daß das Deutsche Reich saturiert, stärker als jeder einzelne seiner Nachbarn war, wenn es auch nicht stärker sein könnte als deren Bündnis.

Als Folge ergab sich daraus, unter keinen Umständen Koalitionen möglicher Gegner zuzulassen, die den Zweifrontenkrieg bringen könnten. Diese staatsmännische Weisheit ist nach seinem Rücktritt 1890 in Vergessenheit geraten; man kehrte wieder zum Prinzip der Nichtentscheidung zurück, am besten ausgedrückt in der Gestalt Wilhelms II., der alle Welt mit kraftvoll-drohenden Sprüchen überzog, denen keinerlei politische Deckung entsprach. Das Reich hat sich 1914 von Österreich in einen Krieg hineinziehen lassen, der nach der Bismarckschen Vorstellung hätte vermieden werden müssen, und ist in diesen Krieg ohne Verbündete hineingegangen, die ihn zu einem halbwegs aussichtsreichen hätten machen können. Die Isolation der Mitte erschien dem wilhelminischen Reich als bösartige Einkreisung: Und wenn die Welt voll Teufel wär'! Viel Feind, viel Ehr'. – Wenn die Mitte nicht größer, nicht mächtiger ist als die Peripherie, dann ist sie nur der Standort zwischen den Stühlen.

Was die inneren Zustände des Bismarck-Reiches anlangt, so lassen sie sich freilich gut als Fortsetzung alter Entscheidungsvermeidungen, als Ansammlung von Unvereinbarkeiten, als Ausdruck schwierigster Balancen des Weder-Noch, des Sowohl-Als auch verstehen. Technologisch hochmodern, konstitutionell antiquiert – Dreiklassenwahlrecht und Herrenhaus in Preußen, ein aus allgemeinen Wahlen hervorgehender Reichstag, das Ganze ein undemokratischer Rechtsstaat, in dem weder das Bürgertum noch die Sozialisten, noch der politische Katholizismus bestimmen sollten; ein Reich als Bund von Republiken und Fürsten mit einem übermächtigen darunter, nach außen mächtig, im Innern Kostgänger der Bundesmitglieder, die auch für das Landheer zuständig blieben; nur die Marine Sache des Reichs, darum Liebling des jungen Kaisers und zum Schaden der Interessen des Reichs gehätschelt und gepflegt. Als der Lotse von Bord gegangen war, gewann die Flotte Fahrt in den Untergang.

Das Weimarer Reich, im Vergleich zum wilhelminischen verkleinert und machtlos geworden, hätte sich nicht mehr als Land der Mitte verstehen müssen, doch war die Entscheidung für den Westen durch den Versailler Vertrag und die für den Osten (für den Bismarck und das alte Preußen im Nötigungsfalle optiert haben würden) durch die kommunistische Diktatur in Rußland blockiert. In längerer Folge entwickelte sich eine vorsichtige Annäherung an den Westen und eine unterirdische Zusammenarbeit mit der Sowjetunion auf Betreiben der Reichswehr; es gab vorher die Abwehrkämpfe gegen die Rheinlandbesetzung im Westen, gegen polnische Übergriffe im Osten. Die Republik von Weimar sah sich weder dem Osten noch dem Westen angehörig, wenngleich in der staatsrechtlichen Einrichtung nun ein liberaler Verfassungsstaat. Darin galt Goethes Wort, das er im Anblick des alten Reiches formuliert hatte, weiter: ». . . wo Proporz und Parität/seit alters her in Ehren steht«.

Der Staat wurde regiert vom Kompromiß der zuvor von der Herrschaft Ausgeschlossenen, von Sozialdemokraten und dem Zentrum als politischer Organisation des Katholizismus. Nun, nachdem die erste Strophe definitiv überholt war, erklärte Reichspräsident Ebert das Deutschlandlied zur Nationalhymne. Die von der Mehrheit nicht geliebte Republik hat die alten Stände Kirchen und Adel nicht nur nicht enteignet, sie gewährte den abgedankten Fürsten generöse Entschädigungen; den großen Religionsgesellschaften gab man als einzige Republik der Welt einen privilegierten Status, besser als in der alten Monarchie. Die Republik wählte sich eine revolutionäre Flagge, Schwarz-Rot-Gold, doch blieb das kaiserliche

Schwarz-Weiß-Rot der Reichsmarine erhalten, als auf hoher See besser sichtbar. Ein Zwischenreich, nicht nur zeitlich: zwischen Sozialismus und liberalem Kapitalismus, zwischen West und Ost, zwischen kleindeutscher Realität und großdeutschen Träumen, welche die Österreicher mitträumten.

In einem historischen Abriß der Entscheidungsunlust der deutschen Politik den Diktator Hitler aufzuführen, mag verwegen scheinen, weil der tatkräftige Bösewicht, die dunkle Zentralfigur des Jahrhunderts, auf den ersten Blick nur Belege für entschlossenes Handeln, einen allzeit bereiten Entscheidungswillen bietet. Doch gehört Hitler auch in diese deutsche Tradition und kann in einigem Wesentlichen als ihr Produkt gesehen werden. Hitler hat gewissermaßen die Nicht-Entscheidungen jener, die vor ihm waren, umgewendet, ins Gewalttätige umgesetzt. Er wollte Bismarck zurücknehmen; sein Reich, für das sich charakteristischerweise die Bezeichnung des die Gegensätze überhöhenden »Dritten« anbot und einbürgerte, sollte wieder ein wahres Imperium sein, eine Hegemonie über den ihm bekannten Teil der Welt, also das kontinentale Europa. Außenpolitisch ging sein Streben auf die Herrschaft über Ost und West, im Innern sollten alle Gegensätze zur Volksgemeinschaft eingeschmolzen werden, drinnen wie draußen der dritte Weg, nicht Sozialismus, nicht Nationalismus, sondern die Verbindung beider, was von keiner umlaufenden Geschichtsphilosophie vorgesehen war, die sich den Fortgang der Weltgeschichte nur als Kampf zwischen West und Ost, zwischen Kommunismus und Kapitalismus, zwischen Diktatur und Demokratie denken konnte. Die prinzipielle Entscheidungslosigkeit, umgemünzt in einen Totalitätsanspruch, desgleichen die zivilisierte Welt noch nicht erlebt hatte. Der Angriff auf Rußland und die Kriegserklärung an Amerika, die seinen Zweifrontenkrieg zum Weltkrieg machten, waren die letzte Konsequenz dieses Denkens, dem keine militärisch-politische Rationalität mehr unterlegt werden kann, was für den

Zweiten Krieg als Krieg zur Revision des Versailler Vertrages bis 1941 möglich ist. Der zugleich universale und totale Herrschaftsanspruch schließt die Bestimmung eines konkreten Feindes, die nach Carl Schmitt den Begriff des Politischen doch ausmacht, aus; Feind ist jedermann, Feind ist die Menschheit, für welche in ihrer Zerstreuung die Juden standen. Bei tausenderlei Entscheidungen im einzelnen perhorresziert solches Denken die Legitimität der Entscheidung zwischen politischen Optionen. Es bleibt nur Konsens und Terror. Das ist das Ende der Politik.

Als die Bundesrepublik Deutschland 1949 ins Leben trat, waren zwei grundlegende Entscheidungen bereits ohne ihre verfassungsmäßige Mitwirkung gefallen. Sie selbst war freiwillig-unfreiwilliger Ausdruck der Tatsache, daß das besiegte Deutschland gespalten und in seinen Teilen den Nachkriegsblöcken eingegliedert werden sollte; desgleichen war die Entscheidung für die Marktwirtschaft, für die liberale Ordnung im Innern durch die Währungsreform und die Abschaffung der Rationierungswirtschaft durch Ludwig Erhard ein Jahr zuvor getroffen worden. Beide Entscheidungen waren noch in der ersten Legislaturperiode heftig umstritten, beide wurden durch das Wahlergebnis 1953 plebiszitär bestätigt und sind in den folgenden dreißig Jahren nicht ernstlich in Frage gestellt worden, so daß sie als irreversibel gelten konnten. Die Entscheidung für die Marktwirtschaft war sanktioniert worden durch vordem unerhörten Massenwohlstand; die Entscheidung, von nun an zum Westen gehören zu wollen, wurde befestigt durch Adenauers konsequente Ablehnung jeder Mitteleuropapolitik und die aktive Mitwirkung der Bundesrepublik bei der Einrichtung eines westeuropäischen gemeinsamen Marktes, der die Vorstufe zu einem politischen Bund sein sollte.

Doch unterhalb und jenseits dieser konstituierenden Grundentscheidungen verwertete die Bundesrepublik alte deutsche Verfassungsmuster und Verhaltensweisen. Das Prinzip von

Parität und Proporz erstand in neuer Blüte, gestützt auf ein Parteiensystem, das älter war als die Bundesrepublik selbst, und auf einen soliden Föderalismus, dem nicht die Entscheidung, sondern der Kompromiß das Modell politischen Handelns gibt. Durch ihre Mitwirkung an den Länderregierungen und über diese im Bundesrat an Gesetzgebung und Verwaltung des Bundes ist eine der beiden großen Parteien nie völlig an der Regierung und nie gänzlich in der Opposition. So werden schroffe Wenden nach Wahlen so unmöglich wie Regierungsablösungen unwahrscheinlich (diese finden vielmehr regelmäßig wiederum kompromißhaft durch veränderte Koalitionen statt). Alle bedeutenderen politischen Vorgänge vollziehen sich mit Hilfe einer offenen oder geheimen großen Koalition.

Gar nicht so geheime große Koalitionen bildeten in sich die beiden großen Parteien, die sich das in einer Demokratie eher kuriose Prädikat einer Volkspartei gern verleihen ließen. Die SPD war eine große Partei schon seit vielen Jahrzehnten gewesen, die CDU wurde es rasch nach ihrer Gründung, weil sie die verstreuten christlichen und konservativen Strömungen und Rinnsale der Weimarer Zeit aufsaugte. Beide waren begünstigt von der Zulassungspraxis der Besatzungsmächte, die keine große Mannigfaltigkeit des Parteilebens wollten, sondern ein politisches Oligopol bevorzugten; die Verhinderung der Parteienzersplitterung von Weimar mit Hilfe des von ihnen geschaffenen Wahlrechts kam den beiden Parteien zusätzlich zugute. Volksparteien sind dem deutschen Begriffe nach Parteien der Mitte – die eine ein wenig linkes Spektrum mitumgreifend, die andere sich nach rechts abstützend und beide insgeheim davon überzeugt, daß es, von der zwischen ihnen vagierenden FDP abgesehen, links und rechts jenseits ihrer eigenen Position nichts Verfassungsmäßiges geben könne. Als Volksparteien propagieren sie nicht revolutionäre oder restaurative Ideologien, außer im Unverfänglichen des ohnedies hienieden nicht Realisierbaren, als Verheißungsprosa für die Unbedingtesten ihrer Anhänger. Sondern sie richten sich auf ein mehrheitsfähiges, mehrheitsbeschaffendes Gedankengut ein und reparieren den Status quo, in dem das große Publikum sich als Lebensumstand eingerichtet hat. Zu Entscheidungen im substantiellen Sinn, aus eigenem politischen Willen hervorgehend, taugen sie nicht, nur in der verbalen Entschlossenheit, sie zu fordern.

Kontinuität und Stabilität sind die positiven Schlüsselbegriffe, die die Entscheidungsmeidung der deutschen Politik verhüllen. Sind Entscheidungen allzu dringlich und nicht allzu bedeutend, werden sie dem Verfassungsgericht übertragen, das seinen Spruch als unpolitisches Votum fällt. Auch die Beliebtheit der Mitbestimmung als gesellschaftlichem Organisationsprinzip gehört in diesen Zusammenhang. Sie verteilt Haftung, Verantwortung, Zuständigkeit und erzeugt Entscheidungen, die als solche nicht erkennbar werden und einen hohen Grad von Unanfechtbarkeit besitzen. Treten auswärtige Zwänge auf, zu denen sich die deutsche Politik erklären muß, so gibt sie gern Doppelvoten ab. Als um die Erweiterung der EG Streit ausgebrochen war, unterstützte Bundeskanzler Adenauer den französischen Präsidenten, während Vizekanzler Erhard es an Zuspruch für Angelsachsen und Skandinavier nicht fehlen ließ. Beim Streit zwischen Frankreich und den USA um die Strategie des Westens präsentierte die Bundesrepublik die Faktion der Gaullisten und die der Atlantiker unter Außenminister Schröder, und zwar so lange, bis eine Entscheidung nicht mehr vonnöten war. Die Abneigung, sich zu entscheiden, Partei zu ergreifen, die ausschließlich für das politische Verhalten der Deutschen kennzeichnend ist, führt oft zu elegant kaschierten Formen der Enthaltung oder nicht kaschierten Zustimmungserklärungen an die Inhaber entgegengesetzter Standpunkte. Dieses Verhalten wird nicht überall verstanden und gewürdigt, sondern zuweilen mit Verachtung oder der Mutmaßung gestraft, die Bundesrepublik sei ein unsicherer Kantonist. Als Brandt seine Ostpolitik ins Werk setzte, folgte er der Linie eines geringen Widerstandes, denn die geläuterte Meinung des In- und Auslandes war längst auf dieser Seite und sein Obsiegen gewiß. Als Genscher zwei Jahrzehnte später vielfältig vermittelnd im ost-westlichen Entspannungsfeld sich abmühte, hatten sich die Voraussetzungen in westlichen Führungskreisen verändert, die Bundesrepublik hatte in der Zwischenzeit ja alles konzediert, was vernünftigerweise zu konzedieren war, und nun breitete sich ein eher diffuses Mißtrauen aus, doch hatte sich an der Form deutschen Verhaltens sowenig verändert wie am guten Willen.

Die Entscheidungsunlust der deutschen Politik ist die Basis ihres sozialen Friedens, des ressentimentgeladenen Aussitzens aller durch alle, der eigentümlichen Schlaffheit und Verschlafenheit des politischen Diskurses, die fremde Besucher seltsam berührt – verglichen mit der ökonomischen Effizienz und Behendigkeit. Der Regierungschef selbst ist nicht mehr Initiator des Handelns, sondern zum Moderator der trägen Bewegungen geworden, die auf unverschämtes Zudringen innerer und äußerer Interessen in Gang kommen. Die Deutschen, von Entscheidungen ihrer Oberen nicht in Anspruch genommen, reduzieren ihr Verhältnis zu allem Politischen. Sie selbst entscheiden sich politisch auch ungern, möchten am liebsten zu allem Ja sagen und mit allen gut befreundet sein. Sie stellen die getroffene Entscheidung für den Westen prinzipiell nicht in Frage, vor allem nicht für die *entente cérébrale* mit Frankreich, sie haben das Reich nicht nur aus dem Namen ihres Staates gestrichen, sondern aus ihrem Herzen und nennen ihn mit einem ihnen lieben Wort, Deutschland, wie vorher noch kein deutscher Staat geheißen hat. Das ist der Osten des Westens, aber nicht die Mitte. Mitte bleibt Deutschland nur als Gemeinplatz, auf dem sich Deutsche zusammenfinden, die sich nicht scheiden und nicht entscheiden wollen.

Der Bonner Stil

Der Bonner Stil läßt sich am leichtesten und zuverlässigsten so beschreiben, wie es die Vertreter der negativen Theologie mit dem lieben Gott tun – sie stellen alle Prädikate zusammen, die über den Gegenstand auszusagen unmöglich ist. Das hängt zuerst mit dem Charakter dieser Hauptstadt zusammen, der merkwürdigsten Kapitale unter allen bedeutenden Vororten der Weltpolitik.

Nur die Spitzen des Staates und der Parteien bilden in Bonn Bundeshauptstadt. Von allen Aufgaben und Möglichkeiten, die eine Hauptstadt hat, ist Bonn nur eine zugedacht worden: physischer Treffpunkt oberster politischer Institutionen zu sein. Bonn zeigt gewissermaßen den Begriff Hauptstadt auf das logische Minimum reduziert. Noch weniger wäre nicht denkbar, ohne daß die Bezeichnung Hauptstadt unanwendbar würde. Bonn ist Hauptstadt als »Sitz des ...«: als Sitz des Bundespräsidenten, des Bundestages, des Bundesrates, der Bundesregierung, der Parteivorstände, jedoch in keiner anderen Hinsicht. Alle diejenigen Institutionen und Organisationen und Verwaltungen, deren Anwesenheit über das Minimum an Hauptstadt hinausgeht, sind mit Absicht ausgelagert, anderwärts angesiedelt worden.

Bonn als Hauptstadt sagt viel über die Bundesrepublik, über das Verhältnis der Deutschen zu Staat und Politik in der Nachkriegszeit. Weimar bedeutete für die Weimarer Republik gar nichts, die Stadt Goethes war bloß Sitz der Nationalversammlung gewesen und stellte der ersten Republik einen relativierend abwertenden Namen; die Bundesrepublik, auch darin glücklicher als die Vorläuferin, gab sich eine Hauptstadt, die im Guten und Bösen ihr Symbol sein könnte, dennoch schlugen alle Versuche fehl, die Republik als Bonner Staat herabzusetzen, vom Bonner Grundgesetz zu reden, so wie von der Weimarer Verfassung gesprochen wurde. Bonn sollte als Hauptstadt für ein Provisorium stehen und ist, viel mehr als die Bundesrepublik selbst, eines geblieben.

Das Provisorium Bonn mit seinen zu unzähligen banalen Witzen herausfordernden Unzulänglichkeiten kann sich einer geheimen Zustimmung der Nachkriegsdeutschen erfreuen. Bonn ist eine Hauptstadt und doch auch wieder keine. Dort wird die Bundespolitik betrieben, aber es ist nicht vorstellbar, daß sie bedrohlich, abenteuerlich, allzu ernsthaft und darum ernstzunehmend betrieben werden könnte. In Bonn konzentriert sich die politische Macht des Bundes, aber nur die des Bundes und nur die politische. Bonn ist ein Stück zusätzlicher informeller Gewaltenteilung, Machtverteilung, und gehört damit zu den vielen Krisenstabilisatoren.

Adenauer hatte Bonn als Hauptstadt gegen Frankfurt durchgesetzt. Es hieß, daß er Bonn wegen der Nähe zu seinem Haus in Rhöndorf bevorzugte und weil die Stadt nicht mit alliierten Garnisonen belegt war. Das hat seine Richtigkeit, aber man unterschätzt den politischen Sinn des ersten Kanzlers, wenn man diese Gründe für ein hinreichendes Motiv seines lebhaften Kampfes hält. Adenauer wollte keine Großstadt. Er wollte keine Hauptstadt, wie Berlin Hauptstadt gewesen war und wie Frankfurt oder Köln es hätten werden können.

In Bonn ist das Volk physisch nicht präsent, das sich zusammenrotten, in Protest oder Akklamation sich bemerkbar machen kann. Es sind nicht Bonner, die im Bonner Hofgarten demonstrieren, wenn ein- oder zweimal im Jahr für Frieden und gegen Rassismus, gegen Kernkraft oder für Datenschutz demonstriert wird; die Demonstranten reisen wie die Abgeordneten von weither an und wieder ab, sobald ihr Geschäft erledigt ist. Die Beamten- und Studentenstadt mit der Pensionärssiedlung Bad Godesberg als Appendix beherbergt die Politik als Einquartierung.

Was auch deutsche Politiker in Bonn an persönlicher Würde vorweisen können, der Politik ist durch die Wahl ihres Standplatzes eine geringere Würde, ein niedrigerer Rang eingeräumt als den anderen Manifestationen des nationalen Lebens. Das intellektuelle Deutschland tritt mit größerer Selbstverständlichkeit auf, die Geschäftswelt demonstriert Selbstbewußtsein, die Politik in ihrem Bonner Domizil bleibt bescheiden; zwischen Koblenzer Tor und Godesburg ist »Weltpolitik« nur ein komisches Wort, wird nur von Bramarbaseuren in den Mund genommen. Das auftrumpfende »Wir sind wieder wer!« wird von den wohlhabend gewordenen Deutschen gern gehört, doch sind sie es gern zufrieden, daß es nicht in Bonn erschallt und in Bonn ohne Folgen bleibt. Die Politik ist in Bonn lediglich untergebracht. Es besteht keine Verbindung zur Stadt, die über die räumliche Koexistenz und über die Subsidien fürs Kulturleben hinausgeht, an dem das politische Bonn so gut wie nicht teilnimmt. Bei den international bedeutenden Beethoven-Festen sind Bundesminister noch nicht aufgefallen, die Produktionen der Oper und des Schauspiels, die gelegentlich Interesse verdienen, erleben nicht öfter einen Abgeordneten im Parkett als Theater irgendwo sonst.

Die amerikanische Hauptstadt Washington, mit der Bonn zuweilen wegen des bösen Klimas und des fast ausschließlich politischen Charakters verglichen wird, ist für die Bundespolitik der USA gegründet worden, unterstreicht darum ihr Prestige und dient nur ihren Zwecken. Die Bundeshauptstadt der Bundesrepublik hingegen hat gar keinen politischen Status: Der Parlamentarische Rat hat Bonn als Ort bestimmt, wo Exekutive mit Legislative des Bundes sich niederlassen sollen, nichts weiter. Es gibt keinen District of Columbia wie in den USA, der den Bundesgewalten eine unmittelbare Autorität über die Hauptstadt verleiht. Unsere Bundesgewalt hat kein eigenes Territorium und ist nicht Herr über die Bundeshauptstadt. Der Bund, der sich diese Hauptstadt gab, hat dafür gesorgt, daß sie nicht einmal seine administrative Zentrale wurde. In Bonn befindet sich kein Gericht des Bundes: Das Bundesverfassungsgericht und der Bundesgerichtshof sitzen in Karlsruhe, das Bundessozialgericht und das Bundesarbeitsgericht in Kassel, das Bundesverwaltungsgericht und der Bundesdisziplinarhof in Berlin, der Bundesfinanzhof in München. In Bonn gibt es, wie schon längst vordem, ein Amtsgericht und ein Landgericht, die zur Landesjustiz gehören. Von Nord bis Süd sind die Bundesverwaltungen über das Bundesgebiet verteilt, die Bundeshauptstadt ist mit Absicht ausgespart. Die Bundesbahnverwaltung domiziliert in Frankfurt, die (privatwirtschaftlich organisierte, aber vom Bund wieder gegründete, ihm überwiegend gehörende) Deutsche Lufthansa in Köln, der Bundesnachrichtendienst in Pullach bei München, die Bundesanstalt für Arbeit in Nürnberg, das Kraftfahrtbundesamt in Flensburg, das Kartellamt in Berlin, die Bundesbank in Frankfurt, das Statistische Bundesamt und das Bundeskriminalamt in Wiesbaden, das Bundesarchiv in Koblenz, das Bundesamt für Verfassungsschutz, das Bundesverwaltungsamt, das Personalamt der Bundeswehr in Köln – die Aufzählung läßt sich verlängern. Selbst die beiden Rundfunkanstalten des Bundesrechts, die doch der Darstellung der Bundespolitik, der amtlichen wie der oppositionellen, vor allem dienen, sind nicht in der Hauptstadt, sondern in Köln errichtet worden; Bonn ist einzigartig auch darin, daß die Hauptstadt keine Radiostationen beherbergt. Die großen Verbände, der DGB und seine Einzelgewerkschaften, die Arbeitgeberverbände und der Bundesverband der Industrie, sind nicht nach Bonn übergesiedelt, sondern am Sitz der Regierung durch Delegationen vertreten; doch hat der enge Zusammenhang von Politik und Pluralismus noch am ehesten der Bundeshauptstadt hauptstädtische Funktion und Attraktivität verliehen. Die Zahl der Verbandsbüros ist riesig, diejenigen Verbände, die ihre Zentrale nach Bonn verlegt haben, wie der Industrie- und Handelstag oder der Beamtenbund, haben sich in Gebäuden untergebracht, deren Wohlhäbigkeit zu den tristen Bauten der Ministerien auffällig kontrastiert.

Kein Deutscher würde erwarten, daß das Provisorium Bonn von der Verwaltung der Länder, denen nichts Provisorisches anhaftet, oder anderen Institutionen ernster genommen wird, als es sich selber nimmt. Schon deshalb überflüssig anzumerken, daß die Bundeshauptstadt für die kirchliche Organisation, die traditionell der des Staates sonst folgte, nichts bewirkt hat. Bonn gehört zur Erzdiözese Köln der Katholiken, zur Rheinischen Landeskirche der Protestanten mit dem Präses in Düsseldorf. Evangelische und katholische Kirche sind bei der Bundesregierung durch akkreditierte Prälaten vertreten. Der Bischof, der in Bonn residiert, ist der der Altkatholiken – des kleinen Teils der Katholiken, die sich nach Verkündung der päpstlichen Unfehlbarkeit von Rom lösten –, und er sitzt nicht erst seit 1949 und nicht wegen der Hauptstadt in Bonn.

Bonn ist zwar ein Hauptplatz der öffentlichen Meinung, aber noch weit weniger eine Pressestadt als Washington. Der »Rheinische Merkur« sitzt in Bonn, aber nicht »Die Zeit«, die Redaktion der »Welt«, aber nicht die der »Frankfurter Allgemeinen Zeitung«. Im übrigen gibt es nur Lokalpresse ohne hauptstädtischen Anspruch. Sie versorgt ihr Publikum dem allgemeinen Status der Bundeshauptstadt entsprechend so, als ob die Einquartierung der Politik jeden Tag wieder aufhören könnte; die Bundeshauptstadt ist ephemer, Bonn bleibt. Die Bundespolitik erscheint auf den ersten Seiten, wie sie überall in ähnlichen Zeitungen erscheint, und im übrigen wird das Hauptstädtische im Lokalteil als Gegenstand lokalen Interesses gleichwertig mit Primizfeiern, Feuersbrünsten, Sebastiansschützen und Karnevalsgesellschaften abgehandelt.

Das vielköpfige Pressekorps besteht also nur aus Korrespondenten, die in der Bundespressekonferenz und im Verein der Auslandspresse zusammengeschlossen sind; die Deutsche Presseagentur hat ihren Sitz in Hamburg und unterhält in der Bundeshauptstadt genau wie die ausländischen Agenturen ein Büro. In Bonn fehlen infolgedessen der redaktionelle Austausch, der unmittelbare Wettbewerb der Zeitungen, die belebende Polemik, die aus der Vertrautheit des Umgangs der Redakteure mit dem gemeinsamen Publikum erwächst. Die Politiker begegnen in Bonn nur Journalisten, die von ihnen Auskünfte begehren, die aber nicht den Kurs der Blätter bestimmen können und deren erste Pflicht nicht der Kommentar ist. Ein deutscher Journalist, der nicht in dem allerdings sehr wichtigen und einflußreichen Beruf des Bonner Korrespondenten sein Lebensziel sieht, sondern Karriere machen, Ressortchef oder Chefredakteur werden will, muß die Bundeshauptstadt verlassen; die direkte Befassung mit der Politik, der eigene Augenschein sind in der Bundesrepublik nicht notwendige Bedingung einer vorzüglichen Stellung in der Publizistik – irgendwann werden sie sogar ein Hindernis der Karriere.

Aus dem hauptstädtischen Minimum, das Bonn darstellt, ergibt sich zusammen mit den allgemeineren Elementen der deutschen Nachkriegspolitik, der jener Minimalismus aufs genaueste entspricht, das, was man den Bonner Stil nennen könnte. Er ist gekennzeichnet durch das Fehlen einer eigentlich hauptstädtischen Gesellschaft, durch ein verqueres Verhältnis zur demokratischen Öffentlichkeit und einen Begriff von politischer Leistung, der sich an Vorstellungen des öffentlichen Dienstes deutscher Prägung, also der Beamtenschaft, orientiert.

Zunächst zur Gesellschaft. Jede Hauptstadt hat ihre Gesellschaft, die den politischen Stil des Landes trägt und prägt. Der Wert einer solchen Gesellschaft liegt im informellen Vermischen aller Ströme und Bewegungen, die für das nationale Leben von Bedeutung sind. Im Idealfalle gehören dazu nicht nur die Spitzen von Politik und Verwaltung, sondern auch die mächtigen Leute aus Wirtschaft und Sozialparteien, den Medien und nicht zuletzt die eminenten Köpfe aus Kunst und Wissenschaft bis zu den Vertretern der darstellenden Künste vom Film bis zur Mode, die einer großstädtischen Gesellschaft gleichermaßen als Elixier wie als Kitt dienen.

An fast allen diesen Ingredienzien fehlt es in Bonn. Ansässige Wirtschaft und Industrie gibt es weniger als in anderen Städten gleicher Größe, das Kulturelle beansprucht nur selten überregionales Interesse; bleibt die Universität. Ihre angesehenen Gelehrten kommen in der Bonner Gesellschaft durchaus vor, in einer der beiden Bonner Gesellschaften, von denen man, wenn's präzise sein soll, reden muß. Das nämlich, was sich eigentlich für die politische Klasse hält in Bonn, ist ja nicht einmal zuverlässig dort zuhause.

Der Bundestag tagt, wenn er tagt, nur von Dienstag bis Freitag, und nur an jenen Tagen sind die Abgeordneten in Bonn anzutreffen. Auch die Bundesminister, die wie die Parteiführer in Bonn weitergehende Präsenzpflichten haben, verbringen in aller Regel kein Wochenende in Bonn, wo sie sich auch meist nicht die Mühe machen, mehr als eine Notunterkunft anzumieten; Ehefrauen und Familien bleiben in den Provinzen zerstreut. Keiner »führt ein Haus«, es hat Minister gegeben, die acht Jahre im Amt waren, ohne je aus eigenem Antrieb ein Essen oder einen Empfang gegeben zu haben. Selbst diejenigen, die über Amtswohnung und Dienerschaft verfügen, wie der Bundeskanzler, der Außenminister, der Verteidigungsminister, bleiben gesellschaftlich unangestrengt, treffen am liebsten Spezis und Kollegen. Der Bundestagspräsident, auch er mit einer Residenz ausgestattet, tritt je nach Laune des Titelträgers hervor.

Der gesellige In-sich-Verkehr der politisch Aktiven findet also zwischen Montag- und Donnerstagabend in kleinen Konventikeln in Kneipen statt, auf Veranstaltungen von Lobbyisten und, im größeren Rahmen, in den teilweise vorzüglich ausgestatteten Vertretungen der Bundesländer. Die sind nicht zuletzt auch darum beliebt, weil es der Steuerzahler ist, der einlädt. Zu diesen Zusammenkünften haben Außenstehende nur selten Zutritt, am ehesten noch Journalisten, ausländische Diplomaten aber so gut wie nie – die umgekehrt deutsche Parlamentarier selten bei sich sehen. Dann gibt es noch die Parlamentarische Gesellschaft mit dem Vorzug, daß sich in ihr Politiker verschiedener Parteien und landsmannschaftlicher Herkunft treffen können. Und es gibt den Bundespräsidenten.

Zu denjenigen Funktionen des Bundespräsidenten, die nicht im Grundgesetz aufgezählt sind, gehört nicht zuletzt die, der oberste Gastgeber der Nation zu sein und mit seinen eher bescheidenen räumlichen und finanziellen Mitteln die politische Gesellschaft der Republik zusammenzuhalten. Das haben auch alle redlich versucht, Heuss, Scheel und Carstens ähnlich erfolgreich wie heute Weizsäcker; Lübke hatte keine Konversation, Heinemann war amusisch, sarkastisch und eher für den intimen Zirkel zu haben. Der Bundespräsident ist es auch, der, freilich auf 24 Gedecke (oder höchstens 36) beschränkt, die Vertreter von Wirtschaft und Kultur mit denen der Politik zusammenbringen muß – mit ihren Damen. Und es auch kann, weil er nicht auf konkrete Anlässe und zweckhafte Absichten angewiesen ist. Weizsäcker unternimmt es zudem immer wieder, die politische Gesellschaft Bonns mit der unpolitischen Führungsschicht der Republik, die sich vollständig außerhalb der Bundeshauptstadt befindet, bei den vielen Festen zusammenzubringen, zu denen ihn die Tatsache nötigt, daß die Bundesrepublik zu mehr Staaten diplomatische Beziehungen unterhält als selbst die USA und Bonn gewissermaßen ständig von ausländischen Staatspersonen heimgesucht wird. Und der Bundespräsident ist eine der wenigen Instanzen, von denen die erste politische Gesellschaft Bonns, jene der nur zeitweilig anwesenden politisch Aktiven, mit der dauerhaften, der zweiten Bonner Gesellschaft, zusammengebracht werden kann.

Dieses zweite Stratum der politischen Gesellschaft Bonns, von der man im Lande sowenig weiß wie vom sogenannten Dritten Senat des Bundesverfassungsgerichts, wird vom ansässigen Teil der politischen Einquartierung in Bonn gebildet. Dazu gehören vornehmlich die hohen Ministerialen, die Militärs und die Diplomaten, die das Zentrum ihrer Existenz in Bonn haben, mögen sie auch immer für Jahre auf Außenposten kommandiert werden; es gehören dazu das Personal der Verbände, die Presseleute und mindestens jene Mitglieder der Auslandsvertretungen, die als besonders gute Landeskenner viele Jahre in Bonn verbringen. Und dazu zählen auch die Beamtenschaft der Landesvertretungen und das Funktionärskorps der Parteizentralen.

Nicht vergessen darf man als ein unentbehrliches Element die Schar der politisch-gesellschaftlich regsamen Pensionisten. Anders als in den Anfangsjahren der Bundesrepublik, als die Ruheständler der hohen Bürokratie nach der Bonner Dienstzeit sich im Tessin, an den oberbayrischen Seen oder gern in München, wo intellektuell anregende Gesellschaft vermutet wird, einzukaufen pflegten, ist es längst, da Bonn sich zwar noch als Provisorium geriert, aber keines sein wird, Übung geworden, in Bonn zu bleiben, um am politischen Leben informell weiter beteiligt zu sein. Vom Rheinhöhenweg in Oberwinter im Süden bis zur Kölner Marienburg im Norden findet sich eine Vielzahl von ehemaligen Staatssekretären, die zum Staatssekretärsclub noch regelmäßig eingeladen werden, von Exbotschaftern und -generalen, die beim Meinungsklima und der Gerüchtesteuerung um so besser mitwirken können, weil sie an keiner Art von Teilnahme an der Öffentlichkeit interessiert sind.

Mittlerweile sind dieser zweiten Bonner politischen Gesellschaft auch eine Reihe von Notabeln hinzuzurechnen, die früher der ersten Gruppe angehörten und nun ohne große politische Ämter je nach Interesse und physischem Vermögen die Politik der Nachgewachsenen kritisch-ratschlagend begleiten. Die ehemaligen Bundesminister Krone, Westrick, Barzel, Ehmke, Wischnewski, Katzer, Heck, Mende u. a. hatten sich auf Dauer in der Bonner Region niedergelassen; der Außenminister Adenauers und Erhards, Gerhard Schröder, ist regelmäßiger Gastgeber interdisziplinärer politischer Aussprachen in seinem Haus. Einige der Altmänner sind zwar in dieser Bonner Gesellschaft fest verwurzelt, aber zugleich in Reservestellung für gelegentliche ehrenvolle Aufgaben. Die meisten sind, wie der gleichfalls zugehörige ehemalige Bundespräsident Karl Carstens, definitiv abgeschieden, andere, wie der zu einem richtigen Bonner gewordene Willy Brandt, zählen unvermindert zu den Gestalten der deutschen Politik.

Die Bonner Bundesgesellschaft der ansässig Gewordenen hat zum alten Bonn, zu Universität, lokaler Geschäftswelt und eingesessenen Honoratioren, kein inniges, aber ein freundschaftliches Verkehrsverhältnis begründet; ohne sie wäre der Bonner Kulturbetrieb sowenig lebensfähig wie die höhere Gastronomie, in der die Bundeshauptstadt es mit viel größeren Städten gut aufnehmen kann. Die wichtigste Funktion dieser Gesellschaft ist es, Humus zu sein für das, was sich an politischen Entscheidungen vorbereitet, den politischen Nachwuchs zu prüfen, der nach Bonn kommt, und, ohne alles demokratische Mandat, in ihren Zirkeln Bundespolitik darzustellen und mit ihrem die regierenden Kombinationen überdauernden Beharrungsvermögen zur Kontinuität der Politik beizutragen. Mag immer wieder einer von draußen herzudrängen, um eine abrupte Wende der Politik zum Roten, Schwarzen oder Grünen ins Werk zu setzen – in dieser amorphen, nicht primär parteipolitisch orientierten und nicht parteipolitisch spaltbaren Gesellschaft begegnet ihm ein indirekter und sanfter, aber zäher Widerstand.

Im Gegensatz zu dem, was demokratische Politik ihrem Anspruch nach sein will, ist die in Bonn gemachte öffentlichkeitsfremd. In Bonn kann Öffentlichkeit nicht hergestellt werden. Sie ist dem Bonner Bewußtsein weit eher ein Gegenstand der Manipulation – die nicht gelingt – als ein Terrain, in dem sich Politik nach dem Stadium vertraulicher Deliberation abspielt. In der Stadt tritt die Politik nicht öffentlich hervor. Die großen Parteitage finden außerhalb statt, die politischen Verbandskongresse desgleichen, es gibt keine Amtseinführung unter freiem Himmel; früher wurden dem Volk manchmal Staatsgäste auf dem Marktplatz gezeigt, heute fliegen sie mit dem Hubschrauber gleich zum Kanzleramt. Nie hat in den vier Jahrzehnten Bundesrepublik in Bonn eine Parade, ein Vorbeimarsch der Bundeswehr oder eine öffentliche Vereidigung stattgefunden. Der Bundestag unterscheidet sich von allen Parlamenten der Welt durch die Geringschätzung der öffentlichen Plenardebatten, macht die Teilnahme dem Abgeordneten entbehrlich, indem er sie in die Arbeitszimmer überträgt. Debatten finden überdies selten statt, um so häufiger und wichtiger sind die Ausschußsitzungen, zu denen die Öffentlichkeit nicht Zugang hat.

Fast nirgends wird ein direktes Verhältnis zum Publikum gesucht oder hergestellt, sondern es wird systematisch vermittelt: Jeder Politiker, der darf, gibt gern ein Fernsehstatement ab. Und vor allem werden unvorstellbare Mengen Papier verbraucht, um Verlautbarungen loszuwerden. Ein geisterhafter Stellvertreterverkehr statt eines politischen Diskurses. Das, was unmittelbar politische Diskussion zwischen Regierung und Opposition oder Meinungsaustausch innerhalb einer Koalition oder Partei sein sollte, wird auf Kopiermaschinen vervielfältigt und sogleich den Medien als den vermeintlich wahren Adressaten zugespielt. Die monströse Produktion hat sich längst verselbständigt und verlangt Nachschub, auch wenn keinerlei Substanz vorliegt; sie kann zudem beliebig weit nach unten delegiert werden, was bei öffentlich geführter persönlicher Kontroverse im Parlament oder anderswo nicht möglich wäre. So gerinnt Politik zu papierener Langeweile, gegen die skandalöse Ereignisse sich dann mit unangemessener Wucht zur Geltung bringen.

Bonn ist immer eine Beamtenstadt gewesen und bildet aufs glücklichste den Rahmen für eine politische Kultur, die auf der Mentalität von Beamten und Angestellten aufbaut. Das hat den großen Vorzug von Solidität und Berechenbarkeit. Kein Abenteurer, kein politischer Messias hat in solchem Milieu eine große Chance; freilich auch nicht der ungewöhnliche Kopf, der originelle Geist. Die Politik läßt einen dampfenden Verbalismus ab und bescheidet sich dahinter leicht mit der Verwaltung des Bestehenden. Es werden keine großen Würfe unternommen, sondern die Anpassungen vollzogen, die der Tag erheischt. Bonner Politik gibt normalerweise keine Ziele vor, nimmt eher unwillig auf, was die deutsche Gesellschaft an Dynamik noch hervorbringt. In dieser politischen Mentalität hat auch die Tatsache, daß deutsche Politiker nicht zum Rücktritt neigen, ihre Erklärung. Ein Oberstudiendirektor nimmt ja auch nicht seinen Abschied, wenn ein Schüler auf dem Schulausflug verunglückt, sondern geht nur, wenn er disziplinarrechtlich dazu gezwungen wird.

Die Deutschen hätten vielleicht gerne eine glanzvolle Hauptstadt wie Paris oder London. Aber zentralistisch und auf Kosten ihrer vielen Halbmetropolen regiert werden wollen sie nicht. Und der Gestus einer großen Vergangenheit, der selbst schon in den alten Kapitalen museal zu werden beginnt, wäre ihnen gewiß lästig.

So leben wir denn mit Bonn wie die Eidgenossen mit Bern. Bonn: Die Hauptstadt eines Landes, dem die Politik nicht das Wichtigste ist. »Die Politik ist das Schicksal«, sagte einst Napoleon; durch Bonn ist er hindurchgeritten.

Politische Kultur

Wer über die politische Kultur in Deutschland etwas sagen will, muß zunächst ein mögliches Mißverständnis ausräumen: Es geht dabei nicht um das Verhältnis von Politik und Kultur, von Macht und Geist, um ein Lieblingsthema der deutschen Intellektuellen also. Das ist ein abgegrastes Thema, zu dem es eigentlich nichts zu sagen gibt außer der insgesamt melancholischen Feststellung, daß sich Macht und Geist zufällig historisch in der Person eines Machthabers verbinden können, wenn man etwa an Friedrich den Großen denkt, den Staufer Friedrich II., an Cäsar, an Augustus oder einige Päpste der Renaissance; daß es aber keine institutionelle Verbindung zwischen Macht und Geist, zwischen Politik und Kultur gibt, wenn man vom Mäzenatentum des Staates und ähnlichen Selbstverständlichkeiten absieht.

Das, was in Deutschland immer darunter diskutiert wird, das ist der scheele Blick über den Rhein, weil man vermutet, daß in der Französischen Republik nach wie vor ein intensives Verhältnis von Macht und Geist bestehe. Es gibt in der Tat dort eine Courtoisie der Machthaber gegenüber den Intellektuellen oder den Künstlern, die aber darauf beruht, daß den Intellektuellen und den Künstlern kein wirklicher Einfluß auf das politische Geschehen zugestanden wird. Man hat insofern eine höfische Tradition übernommen, man spielt sie weiter. Aber auch in Frankreich ist das Verhältnis von Macht und Geist, was das Institutionelle und Persönliche angeht, nicht anders als bei uns oder in den Vereinigten Staaten oder auch in Großbritannien. In England hat es noch bis ins 18. Jahrhundert so etwas gegeben wie eine Verbindung von Thron und Kultur. Das aber ist dann mit Beginn der industriellen Revolution zugrunde gegangen. Die fünf Könige aus dem Hause Hannover von Georg I. bis zu Wilhelm IV. haben sich nicht mehr damit beschäftigt, die Königin Victoria schon überhaupt nicht. Und die heutigen intellektuellen Interessen des Königshauses dürfen wahrscheinlich auch nicht allzu hoch angesetzt werden.

Das Stichwort »politische Kultur« in Deutschland ist selbst ein Kennzeichen für den Zustand dieser politischen Kultur: dafür nämlich, daß man bei uns immer noch mit einer gewissen Wehleidigkeit über die öffentlichen Angelegenheiten nachsinnt. Das Wort »politische Kultur« hat die direkte Funktionsnachfolge des vor etwa zehn bis fünfzehn Jahren sehr beliebten Begriffs »der richtige« oder »der gute politische Stil« angetreten, dessen Fehlen man damals beklagt hat, so wie man heute Defizite an der politischen Kultur in Deutschland wahrzunehmen meint. Diese Wehleidigkeit der Diskussion spricht dafür, daß wir uns in unserer politischen Befindlichkeit noch immer nicht selbstverständlich geworden sind – was eigentlich erstaunlich ist.

Die Bundesrepublik Deutschland besteht seit 1949, also länger, als die Weimarer Republik und der NS-Staat zusammen gedauert haben. Ihre Institutionen funktionieren so, wie der Verfassungsgesetzgeber das ungefähr vorgesehen hat. Und sie hat in den vierzig Jahren ihres Bestehens Regierungen der verschiedensten Couleur gehabt, mit den verschiedensten Ausschlägen in der Qualität nach oben und unten, aber nichts, was uns darin fundamental von anderen Nationen oder Staaten unterschiede.

Wenn man nur auf die Politik – die Wirtschaft in diesem Zusammenhang zu erwähnen, wäre schon ganz irreführend – schaut, auf das, was sich faktisch abgespielt hat, so möchte sich die Frage nach der politischen Kultur in Deutschland als eine nur einem Deutschen verständliche Frage darstellen. Für Ausländer wird es sehr schwer sein, ein solches Thema überhaupt begrifflich zu fassen. In den meisten Sprachen würde schon die Übersetzung des Themas dieser Abhandlung als exotisch zu gelten haben. »La civilisation politique française« – darüber könnte man in Frankreich vielleicht reden, aber jedenfalls nicht in einem Sinne, der mit einer Infragestellung verbunden wäre. Und »political culture« – das klingt schon sehr nach Soziologen-Amerikanisch und würde im Sprachgebrauch eines normalen Engländers oder Amerikaners nie vorkommen.

In dem Thema, das hier erörtert wird, steckt eine Art unerfüllte höhere deutsche Sehnsucht, die unerlaubterweise an die Politik gerichtet wird. Auch hierzulande sagt man, wie es in anderen Sprachen geschieht, daß die Politik das Reich des gemeinen Wohls sei. Bei uns versteht man aber darunter etwas anderes. Gemeint ist eigentlich, um es verkürzt anzudeuten, daß in der Bundesrepublik seit dem Niedergang der privaten Moral die moralischen Sehnsüchte und Heilserwartungen auf die öffentlichen Angelegenheiten geworfen werden und daß dadurch schon eine immer stärkere Moralisierung politischer Tatbestände eintritt. Die Bereitschaft, die öffentlichen Angelegenheiten mit einem gewissen Zynismus zu betrachten, wie es erfahrenere, auch demokratisch erfahrenere Völker zu tun pflegen, ist uns immer noch fern.

Dazu gehört es auch, daß bei uns eine Vorstellung besteht, die Politiker müßten Vorbilder sein. Ein Anspruch, dem sie natürlich in aller Regel nicht gewachsen sind. Zumal wir auch sonst die Figur des Vorbilds in unserem sozialen Umfeld nicht mehr kennen. Wenn soziale Vorbilder in der Nachkriegszeit proklamiert worden sind, dann hat es sich immer um eher bizarre Erscheinungen gehandelt, die nicht in unserer eigenen Wirklichkeit anzusiedeln waren, etwa die Figur Albert Schweitzers. Zweifellos eine vorbildliche Erscheinung, aber in allen ihren Zügen nicht übertragbar auf das Leben in Deutschland und infolgedessen nicht nachahmbar. Und gar von Politikern zu erwarten, sie müßten Vorbilder sein, ist ungefähr so absurd wie die umgekehrte Erwartung der Machthaber, sie müßten dafür, daß sie die Macht ohnedies innehaben, auch noch öffentliche Anbetung erfahren; ein Gedanke, der insbesondere nach einigen Jahren der Machtausübung bei beinahe jedem Politiker in mehr oder weniger deutlicher Ausprägung festzustellen ist.

Die ganze Schwierigkeit des Themas und die Wehleidigkeit, die sich damit verbindet, und das eigentlich Unpolitische am Affekt, der in der Fragestellung steckt, kann man, wenn man will, personalisieren, indem man auf die verschiedene Art von öffentlicher Geltung, von Ansehen, Prestige, Popularität und Beliebtheit verweist, die zwei führende deutsche Politiker gegenwärtig genießen. Ich meine Bundeskanzler Helmut Kohl und Bundespräsident Richard von Weizsäcker.

Man braucht beide Namen nur zu nennen, um sofort festzustellen, daß auf der einen Seite ein Politiker ist, dem Willenskraft, Durchhaltevermögen nachgerühmt werden, der es aber zu einer echten Popularität nicht gebracht hat und auch zu einem überwältigenden Prestige nicht bringen wird; gegen den nicht eigentlich ein primär politisches Unwerturteil gefällt wird, sondern, soweit es zumindest die Medien angeht, ein quasi ästhetisches. Kohl erscheint den Deutschen oft als ein Mann, in dem sie sich nicht wiedererkennen wollen, bei dessen öffentlicher Darstellung als deutschem Regierungschef sie sich geniert fühlen. Umgekehrt verhält es sich mit dem Bundespräsidenten von Weizsäcker. Er verkörpert in einer schon idealtypischen Weise die Ansprüche, die das gegenwärtige deutsche Publikum an einen Politiker in verantwortlicher Position stellt. Er sieht richtig aus, er bewegt sich gewandt und spricht gebildet, hat aber auch zugleich die Gabe, sich volkstümlich zu geben; er kann mit fremden Staatsmännern in deren eigener

Sprache reden. Kurzum: er verkörpert ein ganz eigentümliches Ideal, das wir sonst in Deutschland nicht gepflegt haben. Er ist sozusagen die Spätgeburt einer spezifisch deutschen Spielart von Gentleman, die wir sonst in unserer Politik kaum antreffen.

Der Hintergrund dessen ist vermutlich noch ein ganz anderer. Dem Bundespräsidenten kommt ungemein zustatten, daß er mit den schmutzigen Fragen der Politik überhaupt nicht befaßt ist, daß er gar keine Macht hat. Wohingegen umgekehrt Kohl, wie jeder Bundeskanzler, darunter leidet, daß er tatsächlich mit politischen Vorgängen in Zusammenhang gebracht werden muß. Es spielt allerdings auch noch etwas anderes eine Rolle: Nicht nur, daß die Macht an sich bei uns unter ideologischem Verdacht steht und auch in der Tat seit dem Ende des Nazireiches und seinen Anstrengungen in dieser Richtung des diabolischen Glanzes völlig entbehrt; die Macht stellt sich darüber hinaus bei uns öffentlich auch immer schmucklos, grau, eher anstößig und unangenehm dar.

Aber was wir bei der Erwartungshaltung des deutschen Publikums gegenüber den Politikern feststellen können und was direkt einmündet in die Frage nach der nicht vorhandenen oder vorhandenen politischen Kultur, die wir uns ersehnen, ist dies: Die deutsche Gesellschaft ist in Wahrheit selbst in großen Teilen spießig, an den Rändern sogar barbarisch. Die Politik hingegen darf beides unter gar keinen Umständen sein. Das heißt, das Volk erwartet, daß die Volksvertreter sich ihm gegenüber als etwas Höheres, als etwas qualitativ anderes präsentieren. Und im Untergrund immer der Gedanke, daß die Macht an sich etwas ist, das perhorresziert werden muß.

Was ist aber demgegenüber, wenn wir von dieser Stimmungslage absehen, politische Kultur ihrem Begriffe nach?

Hier soll freilich erst versucht werden, einen Begriff zu konstituieren. Denn es gibt weder literarisch noch historisch irgendeine klare Quelle, auf die man sich beziehen könnte, wenn man anfängt, darüber nachzugrübeln, was denn der Substanz nach unter politischer Kultur jenseits der eben skizzierten Stimmungen zu verstehen sei. Drei Elemente treten hervor, die für die politische Kultur wesentlich zu sein scheinen und die allerdings dann auch rechtfertigen, daß man die Frage als eine substantielle ernst nimmt.

Diese drei Elemente der politischen Kultur kann man als ein personelles, ein sachliches und ein prozedurales bezeichnen:

- Das personelle Element besteht darin, daß zur politischen Kultur das Vorhandensein einer politischen Klasse von Menschen gehört.
- Den sachlichen Bereich könnte man definieren als das Einvernehmen dieser politischen Klasse über das, was in der konkreten historischen Situation als das nationale Interesse anzusehen ist.
- Der prozedurale Aspekt beinhaltet die Methode des Umgangs, den diese politische Klasse mit sich selbst, mit dem Volk, den Wählern pflegt. Das ist in einer Republik nicht anders denkbar als durch den rationalen Diskurs.

Zum ersten Element: Über die politische Klasse haben insonderheit italienische Soziologen sehr viel gearbeitet, in Deutschland aber keine rechte Nachahmung damit gefunden. Doch ist es im Grunde jedem klar, was damit gemeint ist: nämlich eine gesellschaftliche Schicht, die sich nicht bloß aus Profitinteresse in den politischen Angelegenheiten engagiert, sondern dies, sei es individuell beflügelt oder traditionell kraft familiärer Bindung, andauernd tut, auch ohne daß jeweils jeder, der dieser politischen Klasse zuzurechnen ist, sich hauptberuflich mit Politik befaßt und von der Politik und für die Politik lebt.

Diese politische Klasse, die wir in fast allen heutigen Demokratien vorfinden außer bei uns, ist mithin nichts anderes als eine sich ständig ergänzende offene Elite, die die Parteien transzendiert. Gemeint ist, daß eine funktionierende politische Klasse nicht einfach aus einer Anhäufung von führenden Parteifunktionären oder Parteiführern besteht, die auf Gedeih und Verderb immer auf das Schicksal ihrer jeweiligen Partei angewiesen sind; sondern der politischen Klasse können Menschen verschiedener Generationen angehören, bei denen nicht von vornherein aus dem Phänotyp, aus der Familiengeschichte oder irgend etwas anderem zu entnehmen ist, zu welcher politischen Anschauung, zur Vertretung welcher politischen Interessen, zu welcher Parteizugehörigkeit endlich sie tendieren oder welcher sie zuzurechnen sind.

Diese Art politischer Klasse fehlt in der Bundesrepublik durchaus. Wir haben nicht den Tatbestand wie etwa in Großbritannien, wo es immer noch, sowohl auf der Seite der Labour Party wie – viel ausgeprägter – bei den Tories und den Liberalen, eine Schicht gibt, die sich für Politik interessiert; wo überhaupt nicht vom Anfang des Lebenslaufes her, vom Beginn des politischen Nachdenkens des einzelnen her auszumachen ist, wo er einmal landen wird, auf welcher Seite des Unterhauses, auf welcher Seite der Publizistik, wo er mit welchen politischen Gruppierungen sein Glück versuchen will. Das ist ganz wesentlich für das Funktionieren einer politischen Klasse, macht, wenn man so will, ihren Begriff aus, daß sie über diese vorfristigen, ausschließlichen Bindungen hinausgeht und dadurch in sich eine gewisse Nobilität behält. Das gleiche Phänomen ist in Nordamerika festzustellen, wo es praktisch seit Gründung der Vereinigten Staaten eine Anzahl – in der Zusammensetzung wechselnder – politischer Familien gegeben hat, die zugleich zur Geschäftselite und zur intellektuellen Elite des Landes zu zählen waren und die es für eine Selbstverständlichkeit hielten, auch bedeutende, begabte Mitglieder aus ihrem Schoß jeweils für die nationale Politik bereitzustellen. In Frankreich wiederum gibt es eine Tradition der Advokatur, aus der sich die politische Klasse ständig alimentiert.

Bei uns existiert dergleichen nicht. Sondern, wie man noch sehen wird, eine ganz merkwürdige Erscheinung, die primär kleinbürgerlich geprägt ist und sich den herkömmlichen soziologischen Kategorisierungen eher entzieht. Bei uns steht nämlich der Konstitution einer politischen Klasse nicht nur entgegen, daß wir vor dem Begriff und vor der Sache Elite zurückschrecken, sondern es steht dem auch entgegen, daß wir eine historisch bedingte Parteienherrschaft haben, die inzwischen verfestigt ist – wenn auch mittlerweile an den Rändern ein wenig aufgebrochen –, wie es sie in dieser absoluten Ausprägung und in diesem absoluten Herrschaftsanspruch in anderen Demokratien nicht gibt. Wir leben in der Bundesrepublik Deutschland in einer Parteienherrschaft, in der die einzelnen Parteien sich gegeneinander abschließen, aber zugleich in der Lage sind, unter sich die Macht zu parzellieren. Das ist ganz wesentlich.

Bei uns geht ja kraft des unser politisches Leben beherrschenden Gewaltenteilungssystems – die drei Gewalten des Bundes, daneben das Gewaltenteilungssystem Bund/Länder – eine politische Partei nie völlig leer aus, sondern unsere Parteien haben in einem Punkt immer einen Konsens: daß nie jemand völlig ausgeschlossen werden darf von der Macht, von der Teilhabe an irgendeiner Regierungsgewalt. Und daß auch die übrigen, nicht unmittelbar politischen Bereiche, die sich dem Zugriff der politischen Parteien jedoch allmählich öffnen, wofern nicht paritätisch, so doch in ungefährer Relation zur Parteienstärke parzelliert werden müssen. Einen ähnlichen Tatbestand wie in der Bundesrepublik, daß beispielsweise in den Organen der öffentlichen Meinung die politischen Parteien beinah unumschränkt herrschen können, findet man unter freiheitlich verfaßten Staaten auf der ganzen Erde nicht noch einmal.

Daß wir diese absolute Parteienherrschaft statt einer politischen Klasse haben, ist historisch leicht zu erklären: Die politischen Parteien gingen der Gründung der zweiten deutschen Republik voraus. Als die Bundesrepublik gegründet wurde, gab es eine SPD mit reicher Vergangenheit. Es gab schon eine FDP, die am liebsten an die Tradition der 48er im vorigen Jahrhundert wieder angeknüpft hätte, aber dann doch wenigstens an die Tradition der Staatspartei und der Weimarer Liberalen anknüpfen konnte. Und es gab die aus konfessionellen Bewegungen des 19. Jahrhunderts sich bildende Christlich-Demokratische und Christlich-Soziale Union. Alle diese Parteien hatten bereits Positionen inne, bevor die politische Bundesgewalt errichtet wurde. Und sie haben, da sie älter waren und zu diesem Zeitpunkt schon den Zugriff hatten, in einem Maße den Staat und anschließend auch gesellschaftliche Institutionen besetzen können, wie wir es von anderen Demokratien nicht kennen. Daraus ergaben sich Folgewirkungen bis in die Rechtsprechung des Bundesverfassungsgerichts, die zu einer unvergleichlichen Professionalisierung der parlamentarischen Laufbahnen geführt und das heute praktisch nicht mehr erschütterbare Quasi-Monopol des öffentlichen Dienstes in der Bestellung der eigentlichen Mehrheitsfraktion des Deutschen Bundestages und der Länderparlamente begründet haben.

Im Laufe der Geschichte der Bundesrepublik ist daraus die merkwürdige Erscheinung erwachsen, daß alle unsere Parteien Funktionärsparteien geworden sind. Auch die sogenannten bürgerlichen Parteien sind es in Wahrheit längst und haben im Grunde einen Habitus angenommen, den früher nur eine sozialistische Partei besaß. Auch in der CDU und in der FDP kann sich heute in die pseudo-politische Klasse nur hinaufdienen, wer früh anfängt und alle Strapazen einer internen Parteifunktionärskarriere auf sich nimmt. Für sogenannte Seiteneinsteiger gibt es nur Platz, wenn die Auswahl unter den gedienten Partei-Anwärtern heikel oder hoffnungslos ist. Es ist ein bekanntes Phänomen gerade in Deutschland, daß jemand, der in seinem eigentlichen Beruf exzelliert, nicht daran denkt, in die Politik zu gehen. Ein Unternehmer hat häufig gar nicht die Zeit und die Möglichkeit, sich der Politik zur Verfügung zu stellen, ohne das Risiko des betrieblichen Ruins einzukalkulieren. Er hat aber auch nur ganz selten, wenn er ehrlich ist, Lust dazu. Ein Chirurg, der in seinem Beruf brilliert, wird normalerweise ebensowenig für den Bundestag kandidieren wollen, wie er Präsident des Chirurgenverbandes werden will. Es sind ja immer diese Funktionärspositionen, die denjenigen zur Verfügung stehen, die im Eigentlichen ihres Berufes nicht die äußerste Erfüllung finden können.

Etwas anderes kommt hinzu, das direkt mit diesem Funktionärsstatus unserer politischen Parteien zusammenhängt. Wenn Unternehmer sich über ihr Verhältnis zur Politik unterhalten, dann spielt häufig der Gesichtspunkt der Unabhängigkeit, über die sie ja persönlich verfügen, eine Rolle: Sie müssen nämlich nicht in die Politik gehen, um ihr persönliches Glück zu machen, da sie schon ein gewisses verläßliches Familieneinkommen mitzubringen pflegen. Aber gerade dieser Gesichtspunkt der Unabhängigkeit ist es, der sie unverwendbar macht in den Funktionärsparteien. Denn man soll sich nicht täuschen: Es ist für eine Fraktionsführung kein Vergnügen, mit Abgeordneten umzugehen, die gar nicht wiedergewählt werden müssen, die auch ohne ein Abgeordnetenmandat überleben können. Es ist viel angenehmer, mit Abgeordneten parlamentarische Kämpfe bestehen zu können, die auf jedes Kommando der Parteiführung sorgsam achten, ihren Widerspruch, wenn sie ihn je zu äußern wagen, mit äußerster Vorsicht ausdrücken, weil sie unter keinen Umständen um ihres persönlichen Lebensglückes willen riskieren dürfen, bei der nächsten Kandidatenaufstellung nicht berücksichtigt zu werden. Hier hat der Gesichtspunkt der persönlichen Unabhängigkeit nur eine absolut kontraproduktive, eine von der politischen Mitwirkung ausschließende Funktion. Das gilt wiederum auch für die bürgerlichen Parteien. Die Zeiten, da ein Unternehmer unabhängig für den Bundestag kandidieren konnte und gewählt wurde oder für die FDP einen Wahlkreis zu erobern vermochte, sind heute sowohl von den Parteien her gesehen unmöglich geworden als auch von der Wählerschaft, die längst die Tatsache, daß wir Funktionärsparteien haben, verinnerlicht hat.

Nun zum zweiten Element, dem sachlichen. Hier muß der Begriff »politische Klasse« mit der Einschränkung verwendet werden, daß wir in Deutschland eben keine haben, aber natürlich das Wort benötigen. Es ist damit jetzt die Gesamtheit der Leute gemeint, die sich hauptberuflich, professionell mit Politik befassen, also die Chefs aller Ebenen in den politischen Parteien.

Wenn man die Frage stellt nach dem Einverständnis über die nationalen Interessen, das zur Konstitution von politischer Kultur unbedingt erforderlich ist, so sind natürlich die sogenannten »etablierten« Parteien gemeint; nicht hingegen die Grünen, die schon wegen der strukturellen Lüge, die sie mit sich herumtragen, ihren Zielen nach nicht verfassungslegale Partei sein zu wollen, in diesem Zusammenhang keine Beachtung finden können.

Wenn man nun die Frage nach dem nationalen Konsens an die etablierten Parteien richtet, so wird man sich unschwer darauf verständigen können, daß es in der Wirtschaftspolitik einen solchen Konsens, wenn auch sehr brüchig geworden, immer noch gibt. Es herrscht ein Grundeinverständnis über das, was nationale Interessen in der Wirtschaftspolitik sind. Im Gegensatz zu den fünfziger Jahren haben wir keine große Bewegung mehr, die sich etwa vornimmt, klassische Ziele des Marxismus zu realisieren und in die Wirklichkeit zu überführen. Es gibt auf der anderen Seite bei den Unionsparteien auch so gut wie niemanden, der noch in den korporativen Ideen der katholischen Ständestaatslehre des 19. Jahrhunderts denkt. Und selbst das Subsidiaritätsprinzip wird von der CDU und CSU viel weniger verwendet als zu den Gründungszeiten der Republik. Das heißt, es hat sich alles einigermaßen widerstandslos in der Theorie – in der Praxis sieht es freilich anders aus – auf den Ordoliberalismus hinbewegt. Abschied wurde genommen auf der einen Seite vom Marxismus – jedenfalls war das die Position der Sozialdemokraten durch die letzten zwanzig Jahre hindurch –, und Abschied genommen wurde andererseits von weiten Teilen der katholischen Soziallehre, die die Unionsparteien zu Anfang der fünfziger Jahre prägte.

Ursprünglich gab es einen Konsens in anderer Hinsicht; ein Gedanke, der bei der SPD noch einmal aufgetaucht ist vor einigen Jahren, als von der angeblich notwendigen Prüfung der Belastbarkeit der Wirtschaft die Rede war. Was damals die CDU/CSU mit Recht sehr erregte und als wirtschaftspolitischer Wahnwitz bezeichnet wurde, findet sich, was die Union inzwischen vergessen hat, in den Düsseldorfer Leitsätzen von 1949, die zur Parteidokumentation der Union gehören. Teil II fängt nämlich mit dem Satz an, daß die Sozialpolitik zwar abhängt von der Wirtschaftspolitik, aber die Aufgabe hat, die Wirtschaftspolitik so zu strapazieren, daß ein Maximum von Sozialpolitik geleistet werden kann. Das ist der Sache nach das gleiche.

Aber auch wenn man an solche lebhaften Auseinandersetzungen denkt wie etwa die Diskussion über die Kernenergie, wird man ohne Übertreibung sagen können, daß die Kernenergie in Wahrheit keine Kernfrage der deutschen Politik ist; daß sie schließlich aus dem Problemhaushalt der Republik ebenso verschwinden wird, wie das bei der Medienpolitik geschehen ist, die in den vergangenen Jahren die Politiker gegeneinander gehetzt hat, die aber teils durch technische Sachzwänge, teils durch politische Entwicklungen inzwischen an den Rand des Interesses gerückt ist.

Was für die Wirtschaftspolitik gilt, gilt in einem allgemeineren Sinne für die gesamte Innenpolitik. Ich glaube nicht, daß es Schwierigkeiten macht, politische Kultur herzustellen, weil es bei uns an Einverständnis fehlte über das, was innenpolitisch dem Kern nach getan werden sollte. Es gibt in der deutschen

Innenpolitik praktisch keine einzige Frage, die unter den Parteien nicht kompromißfähig wäre, so schwer auch der Kompromiß den Parteien im einzelnen fällt. In der Vergangenheit gab es dafür genügend Beispiele, etwa im sensiblen Bereich der inneren Sicherheit, wo immer zwischen FDP, CDU und schließlich auch SPD eine Art Kompromiß erreicht worden ist. Ähnliche Beispiele bietet die Diskussion um den Paragraphen 218.

Nun gibt es freilich einen Bereich, der besonders interessant ist, wenn man von nationalem Konsens spricht, und das ist die auswärtige Politik. Meist wird davon ausgegangen, daß der Konsens über die auswärtige Politik unter den großen Parteien in Wahrheit bestehe, doch ist diese Annahme äußerst fraglich. Unsere politische Klasse ist, was die Außenpolitik angeht, tief gespalten. Wir haben ein lebhaftes Aneinandervorbeireden, das lediglich durch die Formelkompromisse sprachlicher Natur zugedeckt wird.

Nie ist in der deutschen Politik die Frage ausdiskutiert worden, wie eine deutsche Europapolitik ernsthaft auszusehen habe. Wir haben die Option gehabt zwischen der angelsächsischen Variante und der französischen. Wir haben zu beiden ja gesagt, also zu beiden nein der Sache nach. Und nach diesem Muster, nach beiden Seiten zu spielen, verhalten wir uns prinzipiell immer noch.

Wir haben in der allgemeineren Außenpolitik, etwa im Verhältnis zum Ostblock, immer die Möglichkeit gehabt, uns eher den europäischen Partnern zuzuwenden und ihren Vorstellungen von der Entspannung – oder denjenigen Vorstellungen, die gegenwärtig von den Vereinigten Staaten bevorzugt werden. Auch in dieser Frage versuchen wir, nicht Position zu beziehen, sondern haben das Problem gewissermaßen auf die Weise gelöst, daß wir uns zwei Außenminister leisten. Für die proatlantischen Solidaritätskundgebungen ist in aller Regel der Bundeskanzler zuständig, für alle anderen eher der Bundesaußenminister, ob es nun nach Osten geht oder in Richtung der europäischen Partner. Eine Arbeitsteilung, die wir auch in anderen Bereichen der auswärtigen Politik praktizieren.

Dahinter steckt nun nicht eine machiavellistische Geschicklichkeit unserer Diplomatie, die Überlegung etwa, wie die Bundesrepublik Deutschland sich möglichst mit allen würde arrangieren können, sondern eine tiefe Entscheidungsunlust, die darauf beruht, daß ein wirklicher Konsens über den Inhalt des nationalen Interesses in der auswärtigen Politik nicht besteht. In den kommenden Jahren dürfte das vermutlich in ostpolitischen und deutschlandpolitischen Fragen sehr deutlich zu bemerken sein.

Das Schwierigste allerdings im Hinblick auf unsere politische Kultur ist das, was eine politische Kultur eigentlich ausmacht, nämlich der Umgang der politischen Klasse miteinander, der rationale Diskurs aller Leute, die sich in einer Demokratie für Politik interessieren, die an den öffentlichen Angelegenheiten Anteil nehmen. Die Herstellung dieses rationalen Diskurses, der darauf verzichtet, jede Frage durch emotionale Appelle ans Volk zu lösen, der nicht in jeder politischen Frage die Chance zur Eröffnung eines neuen Wahlkampfes sieht, sondern der versucht, auch mit dem Hilfsmittel einfacher Nachdenklichkeit bestimmten Fragen zu Leibe zu rücken und Begriffsklärungen in einem Prozeß politischer Kommunikation herbeizuführen, um entweder am Schluß einen Konflikt herauszupräparieren, der entschieden werden muß, oder einen Konsens herzustellen, auf den aufgebaut werden kann – die Herstellung eines solchen rationalen Diskurses ist eben in Deutschland ungeheuer schwer, wegen des nicht einwandfreien Vorhandenseins der beiden anderen Elemente: der politischen Klasse und der sachlichen Einigkeit.

Hinzu kommt dann noch etwas für die Bundesrepublik Deutschland Spezifisches, das die Herstellung eines rationalen politischen Diskurses unglaublich mühsam macht: die Zentrumslosigkeit des öffentlichen Lebens nämlich, die physisch wie psychisch dem rationalen Diskurs als fast unüberwindliches Hindernis entgegensteht.

Gemeint ist damit nicht nur der Föderalismus. Es ist selbstverständlich klar, daß die Bundesrepublik sich von beinah allen Staaten der bewohnten Erde – einmal abgesehen von der Schweiz – durch ihren Föderalismus unterscheidet, der etwa vom amerikanischen dadurch sehr streng geschieden ist, daß es bei uns die direkte Teilnahme der Landesgewalten an der Bundesgewalt gibt. Etwas, das die Vereinigten Staaten nicht kennen, wo die Einzelstaaten tatsächlich ihr Einzelstaatentum pflegen können; im übrigen aber nur zwei Senatoren und ein paar Abgeordnete, je nach Größe des Staates, nach Washington entsenden, die dort als frei gewählte Volksboten entscheiden und nicht etwa als Abgesandte ihrer Staaten. Eine Einflußnahme eines starken Parlaments und eines Gouverneurs auf die Bundesgewalt gibt es mithin in den USA nicht. Infolgedessen ist unser Föderalismus in der Tat unvergleichbar. Aber er stellt nicht das einzige Element der Zentrumslosigkeit dar, die wir feststellen müssen.

Diese Zentrumslosigkeit gilt ja, wie in der Politik, so auch für das wirtschaftliche und kulturelle Leben. Wir setzen eben hier, insbesondere im Bereich der Kultur, eine sehr alte Geschichte fort. Unsere republikanische Kulturpolitik heute ist nichts anderes als die Fortsetzung einer höfischen Kulturpolitik. Zu sehen ist das ausgeprägt an der Art, wie diese Kulturpolitik gemacht wird, nämlich derart, daß wie weiland an den Fürstenhöfen die darstellenden Künste normalerweise eine Bevorzugung genießen. Die Oper wird gepflegt, das Ballett, das gefiel schon den Monarchen gut. Das Theater wird hoch bezuschußt. Auch Bildergalerien spielen eine gewisse, in einigen Bereichen sogar angemessene Rolle. Dem steht aber – und bei uns traditionell – eine geringere öffentliche Pflege der literarischen Kultur gegenüber. Die literarische Kultur galt seit jeher als unmittelbarer politisch als die anderen Zweige der Künste und mußte infolgedessen stärker von der Obrigkeit überwacht werden. Gepflegt wurde sie eigentlich von höfischer Seite nur außerordentlich selten, und zwar in der Form der dramatischen Literatur.

Das aber hat direkte Auswirkungen auf das politische Leben. Wenn man zum Beispiel fragt, warum die politische Rhetorik in unserem Lande einen so ungleich geringeren Platz einnimmt als etwa in den angelsächsischen oder in den lateinischen Ländern, dann liegt auch hier einer der Gründe. Die Rhetorik war eben keine Kunstform, die durch lange Jahrhunderte unserer Geschichte zu brauchen war. Sie wurde nicht nur wenig gefördert, sondern sie war gefährlich, sie wurde eher verfolgt. Insofern haben wir bis auf den heutigen Tag keinen verbindlichen Typus der öffentlichen Rede, die wiederum ein sehr wesentliches Element des politischen Diskurses darstellt, auch wenn der Diskurs natürlich nicht bloß das Element der öffentlichen Rede enthält, sondern auch das der vertraulichen und der geheimen.

Erst seit der Beendigung der Napoleonischen Kriege zu Beginn des 19. Jahrhunderts haben wir neben der Vielzahl von Zentren, die es seit jeher in Deutschland gab, etwas wie ein Oberzentrum gehabt. Zunächst, solange der von Österreich dominierte Deutsche Bund bestand, bis 1866 also, sogar zwei: nämlich Wien und Berlin. Dann nach der Gründung des Bismarckreiches war Berlin, die Hauptstadt Preußens und des Gesamtreiches, das alleinige Oberzentrum.

Die Bundesrepublik aber hat, und darunter leidet der politische Diskurs am meisten, eine Vielzahl von politischen und wirtschaftlichen Zentren, doch ohne die Chance ihrer Integration. Infolgedessen sind wir das einzige Land der Welt geworden, wo die Medien den öffentlichen Diskurs monopolisieren. Was in Deutschland an politischem Diskurs stattfindet, findet sozusagen bundesweit und flächendeckend nur in den Medien statt; in den überregionalen Zeitungen auch, soweit sie noch nationale Verbreitung genießen; aber eben doch primär in den elektronischen Medien, die daher eine Funktion in unserem Leben ausüben, die sie nirgendwo sonst haben, selbst nicht in den Vereinigten Staaten, obwohl der Fernsehkonsum der amerikanischen Bevölkerung höher ist als der unsrige und die elektronischen Medien dort einen hohen Einfluß haben. Aber sie okkupieren dort den Diskurs der politischen Klasse keineswegs so, wie das unsere elektronischen Medien tun, wo vielfach Politiker untereinander mit Hilfe dieser Medien kommunizieren oder sich ihrer bedienen und, wie man weiß, auch bedienen können. Es ist typisch für das politische System der Bundesrepublik, daß sehr oft politische Informationen primär über das Fernsehen verbreitet werden. Wie oft hat Kohl von Äußerungen seines verstorbenen Männerfreundes Strauß nicht etwa durch einen Telefonanruf aus München erfahren, sondern durch eine Meldung der Tagesschau im Fernsehen.

Diese Tatsache hat nun ganz gewisse Folgen, die einem rationalen Diskurs in unserem Lande und damit der politischen Kultur entgegenstehen. Sie hat zum Beispiel im Gefolge, daß bei uns die politische Diskussion einen monothematischen Charakter besitzt, weil der Zugang zu den Medien hochkanalisiert ist, sowohl für Ideen wie für Personen; wohingegen an einem nicht medial vermittelnden Diskurs bekanntlich jeder, der etwas zum Thema zu sagen hat oder ein neues Thema aufwerfen will, teilnehmen kann.

Man braucht nur an die Atomkatastrophe im April 1986 zu erinnern, als die Bundesrepublik durch den sowjetischen Reaktorunfall wie kaum ein anderes Land zu so ganz außerordentlicher interner Bewegung geführt worden ist. Dieser Umstand läßt sich nicht alleine dadurch erklären, daß man bei uns in solchen Fragen ohnehin eher zu Panikstimmungen neigt, stärker sensibilisiert ist als andere Völker oder daß Deutschland geographisch näher zum Ursprungsort der Katastrophe liegt, sondern muß vor allem darauf zurückgeführt werden, daß hierzulande solche Tatbestände – und Tschernobyl steht hier nur als Beispiel für eine beliebig fortsetzbare Serie von Themen – monothematisch aufbereitet werden; daß, wenn sich ein Fernsehprogramm mit einem Thema befaßt, das zweite sofort nachhakt und die dritten Programme nachziehen. Das erste Programm wiederum veranstaltet dann Reprisen, weil ja viele Gesichtspunkte des Themas zur Geltung gebracht werden müssen, was endlich zu dem Ergebnis führt, daß praktisch die gesamte öffentliche Meinung, das Denken und Fühlen auch der handelnden Politiker, jedenfalls soweit es nach außen sichtbar wird, durch ein einziges Thema für Wochen und Monate okkupiert werden kann; daß Äußerungen, die nicht diesem hochgeputschten Thema gelten, als unerlaubt, ja unsittlich erscheinen können und keine Chance haben, in den Medien noch apperzipiert zu werden.

Schließlich kommt hinzu, wenn man Politik primär über Vermittlung der Medien stattfinden läßt, daß ein gewisser Verlust an Spontaneität unvermeidlich ist. Das gilt selbstverständlich, weil auch gewollt, für relevante und im Grunde zunächst zum Geheimnis verpflichtende politische Vorgänge. Es gilt hierzulande aber auch dann, wenn eigentlich die politische Spontaneität gefragt ist und zur Herstellung politischer Kultur, nämlich des natürlichen Umgangs mit der Politik, dazugehört.

Im übrigen charakterisiert die mediale Vermittlung eines politischen Diskurses das Ansprechen eines sehr mittleren Niveaus. Gewiß kann man nicht behaupten, daß wir ein Fernsehen hätten, das insgesamt von einem schlechten Bildungsniveau ausgeht oder sich vornimmt, ein schlechtes Bildungsniveau herzustellen; ein gewisser Bildungseffekt ist unserem Fernsehen nicht abzusprechen. Aber es bevorzugt eben ein Niveau, in dem ganz bestimmte Spitzen oder Ausschläge der Diskussion nicht zugelassen werden. Und natürlich ist – da man mit einem solchen Medium in die Wohnstuben eindringt und öffentliche Sekundärwirkung mannigfacher Art befürchten muß – der durch die elektronischen Medien vermittelte politische Diskurs, zurückhaltend formuliert, außerordentlich rücksichtsvoll. Das heißt, er ist immer dem Verdacht nach demagogisch, und er ist immer vermittelnd und nie direkt, und zwar auch nicht direkt im elementarsten Sinne. Man kann das, wenn man einen Bonner Journalisten trifft, auch in folgender Einzelheit bestätigt finden: Adressat von politischen Erklärungen ist in unserer Politik im allgemeinen nicht derjenige, auf den sie bezogen sind; Adressat ist immer der nicht anwesende Dritte, nämlich das Wählerpublikum. Hier zeigt sich bis in die Stuben der Pressereferenten hinein die Tatsache, daß der vom Fernsehen vorgegebene Prozeß längst verinnerlicht worden ist, der darauf hinausläuft, daß der Diskurs nicht mehr unter den Teilnehmern selbst geführt wird, sondern daß er verlagert wird, weil es eben kein Zentrum gibt, in dem sich die politische Klasse treffen und sich vereinigen und miteinander kommunizieren kann; daß sie sich infolgedessen des elektronischen Mediums als eines nationalen, die ganze Bundesrepublik umfassenden bedient, um miteinander eine Art Pseudokommunikation herzustellen.

Zur demokratischen Politik gehört es nun freilich, daß die Kommunikation selbst schon Teil der Politik ist, im Gegensatz zu der früheren Obrigkeits- oder Kabinettspolitik. Wohingegen für die deutsche Politik der Zustand kennzeichnend ist, daß man eben an Kommunikation in einer rein instrumentalen Weise denkt. Man weiß schon, was man will. Man sieht die Kommunikation daher nicht als Teil der Willensbildung, weil man eben zur ausführlichen Auseinandersetzung mit dem Gesprächspartner über weite Strecken hin nicht gezwungen ist, sondern erst in der letzten Phase. Und diese Kommunikation findet darum nicht mit dem jeweiligen Gegenüber statt, sei es dem politischen Freund, sei es dem politischen Gegner, sondern sie erfolgt nur noch, wenn bereits eine festgelegte Meinung vorhanden ist, die man mit Hilfe von öffentlichen Absichtserklärungen hinausläßt, verbreitet und die sich nur noch scheinbar an ein Gegenüber richtet, in Wahrheit aber nur dem Dritten gilt: dem Publikum, dem Wahlvolk.

Stellt man sich zum Abschluß einer Erörterung wie dieser die Frage, wie es um die Chancen politischer Kultur in Deutschland steht, muß die Antwort nicht unbedingt negativ sein, wenn man nur an das allererste denkt, was hier ausgeführt wurde. Wir stehen in den meisten Punkten, insbesondere was die Effizienz unserer Politik und die Effizienz unseres politischen Systems angeht, genauso da wie alle anderen Völker und in vieler Hinsicht sogar eine Spur besser. Und in dem Augenblick, da man sich bei uns zu etwas mehr gelassenem Zynismus in der Betrachtung von Politikern und Politik entschließen könnte, zu etwas mehr Selbstverständlichkeit uns selbst gegenüber gelangte, so wie es im Hinblick auf die Wirtschaftsleistungen der Republik längst geschieht, könnte die ganze hier behandelte Frage in Nichts zusammensinken. Man würde sich um die politische Kultur in Deutschland keine Sorgen mehr machen und keine Sorgen zu machen brauchen.

Im zweiten Punkt freilich, was die Substanz der politischen Kommunikation, des politischen Diskurses angeht, scheint Optimismus nicht angebracht. Wir haben den merkwürdigen Zustand, daß unsere politischen Parteien sich zwar entideologisiert haben, daß niemand mehr eine Heilslehre oder auch nur in Ansätzen eine Theorie anzubieten hat, wie früher der wissenschaftliche Sozialismus glaubte, eine Theorie zu haben – das alles ist weggesunken, so daß eigentlich die Voraussetzung für ein voraussetzungsloses Diskutieren, ein an der Sache orientiertes Diskutieren von Politik gegeben sein müßte. Sie ist es aber nicht, weil unser Land so verfaßt ist, wie es verfaßt ist, nämlich ohne Zentrum für irgendeinen Bereich. Und da unser Land es ablehnt, das Entstehen einer politischen Klasse zu begünstigen oder auch nur zuzulassen, wird es einen politischen

Diskurs und eine politische Kultur, wie wir sie in anderen Ländern haben, der Substanz nach zu unseren Lebzeiten nicht geben. Das ist ganz gewiß nicht lebensgefährlich, aber es begünstigt das verbreitete Mißbehagen und das Gefühl mangelnder Identität mit sich selber, die für unser öffentliches Leben so kennzeichnend sind.

Größe des Staatsmannes, nach Hitler

I.

Menschen machen Geschichte. Auch ganz kleine. Ob Gavrilo Princip mit seinen Schüssen auf den habsburgischen Thronfolger 1914 die Bedingung der Möglichkeit des Weltkrieges herstellte, mag bezweifelt werden, die Realität ist ihnen gefolgt. Das Risiko, daß ungeheure Konsequenzen aus dem Tun unbedeutender Menschen folgen, ist seitdem ins Unermeßliche gestiegen; auf der Erde stehen zivile und militärische Apparate zu Tausenden, deren Wärter durch Vorsatz oder Fahrlässigkeit politische, militärische, ökonomische Katastrophen auslösen können – die absolute Sicherheit, die es hienieden nie gegeben hat, bleibt nur ein Zielpunkt der Wahrscheinlichkeitsrechnung.

Von den Verantwortlichen in niedrigen wie in höchsten Stellungen wird heute zuerst erwartet, daß sie die mögliche Katastrophe vermeiden. Von ihrem Kreis soll jener Typ des ungeheuren Individuums ferngehalten werden, den Goethe als dämonisch aufgefaßt hat. Die berühmte Stelle aus dem zwanzigsten Buch von »Dichtung und Wahrheit«: »Am furchtbarsten aber erscheint dieses Dämonische, wenn es in irgendeinem Menschen überwiegend hervortritt. Während meines Lebensganges habe ich mehrere, teils in der Nähe, teils in der Ferne, beobachten können. Es sind nicht immer die vorzüglichsten Menschen, weder an Geist noch an Talenten, selten durch Herzensgüte sich empfehlend; aber eine ungeheure Kraft geht von ihnen aus, und sie üben eine unglaubliche Gewalt über alle

Geschöpfe, ja sogar über die Elemente, und wer kann sagen, wie weit sich eine solche Wirkung erstrecken wird? Alle vereinten sittlichen Kräfte vermögen nichts gegen sie; vergebens, daß der hellere Teil der Menschen sie als Betrogene oder als Betrüger verdächtig machen will, die Masse wird von ihnen angezogen. Selten oder nie finden sich Gleichzeitige ihresgleichen, und sie sind durch nichts zu überwinden als durch das Universum selbst, mit dem sie den Kampf begonnen ...« In seinem Buch über Goethes Spieltrieb erkennt Pierre Bertaux in diesem dämonischen Menschen den Spieler, »der verstanden hat, daß er im Spiel der Welt als Spieler und nur als solcher eine ihm angemessene Rolle findet, wenn er in sich die Kraft fühlt, die Rolle zu spielen«. Sagen wir statt dem harmlosen Wort Spieler genauer: Hasardeur. Die meisten großen Männer der Weltgeschichte, denen noch heute alle Bewunderung gilt, sind Hasardeure gewesen.

II.

Überlegungen, ob einer ihrer Anführer den Großen in der Geschichte zuzurechnen sei, beginnen den Völkern gleichgültig zu werden. Nicht, daß sich ein Affekt gegen das große, das herausragende Individuum in den modernen Gesellschaften entwickelt hätte – die Massen scheinen ein unstillbares Bedürfnis nach Idolen zu haben. Das Bedürfnis nach Verehrung, ja Anbetung ist in den Generationen eher noch gewachsen, doch richtet es sich vornehmlich auf die noch Lebenden, deren Präsenz sich dank der Allgegenwart der Medien täglich herstellen läßt, und es gilt fast ausschließlich solchen, das Gewöhnliche übersteigenden Erscheinungen, die als Künstler, Unterhalter oder Hochleistungssportler, als Täter oder auch bloß als Wortführer humanitärer Beglückung, als Stifter neuer Kulte und Heilslehren die Faszination der Menge auf sich ziehen. Sie werden als Fleischwerdung der großen Sehnsüchte wahrgenommen und als Vorbilder aufgefaßt, deren Charakter und Leistung das dem einzelnen Gegebene oder Mögliche bei weitem übertreffen, werden aber doch nicht als gänzlich anders, außerhalb jeder Identifikationsmöglichkeit, begriffen; und alles eingegrenzt auf die Kraft der Erinnerung einer einzelnen Generation. Albert Schweitzer ist für die Jüngeren längst von Mutter Teresa abgelöst; Rudolf Steiner, einst ein großer religiöser Beweger, ist heute bei den Sinnsuchenden vergessen und verdrängt durch indische Gurus und Reverend Mun. Zuweilen kommen kurzfristige Wiederbelebungen vor, ein neues Menschenalter sieht sich in Hermann Hesse verstanden oder sein Lebensgefühl im Rückgriff auf den Schauspieler James Dean, den Rocksänger Elvis Presley ausgedrückt. Dergleichen vergeht rasch, weil die Freizeitindustrie mit all ihren vielfältigen Mitteln eine posthume Anwesenheit nicht aufrechterhalten kann.

Jeder sucht sich heute situations- und stimmungsweise seinen Helden, aber nur selten aus der Geschichte und fast nie aus der Politik. Vordem lebten die Völker von der Erinnerung an ihre goldenen Zeitalter oder doch wenigstens an gute alte Zeiten, und sie konnten sich selber in der Berufung auf ihre großen Männer definieren. Diese Großen waren ihre mythischen oder historischen Gründer gewesen, die Feldherren und Staatslenker, denen die höchsten Aspirationen der Nation glorreich darzustellen gelungen war. Davon ist wenig geblieben. Das Abbrechen geschichtlichen Bewußtseins hat in Deutschland längst zu einer bewegten Klage, ja kulturkritischen Weinerlichkeit geführt und so schlichte Erklärungen hervorgebracht wie die, daß das öffentliche Erziehungswesen die Aufgabe historischer Bildung jahrzehntelang versäumt habe. Daran ist Richtiges, aber interessanter ist der Verdacht, ob nicht das Schrumpfen der historischen Dimension der öffentlichen Bildung selbst nur ein Symptom sei der Abkehr der modernen Gesellschaften von dem, was vor ihnen gewesen ist.

Andere Nationen betreiben ihre Traditionspflege ungebrochen und ungeniert, und zweifellos bedeuten für einen jungen Amerikaner Jefferson und Lincoln mehr als für einen jungen Deutschen Friedrich der Große oder Bismarck. Junge Franzosen nehmen von Ludwig XIV. und Napoleon noch eine Art Kontinuität wahr zu ihrer heutigen Nation wie englische Altersgenossen von der ersten Elisabeth und Lord Nelson bis zu Churchill und den Tagen danach. Aber ein fundamentaler Unterschied besteht nicht. Der Unterschied, der besteht, läßt sich unbefangen mit dem immer undeutlich und uneinheitlich gewesenen Geschichtsbild der Deutschen und dem Bruch von 1933/45 erklären. Aber es handelt sich doch, wenn man von den jungen intellektuellen Eliten absieht, auch bei den uns »historischer« erscheinenden Völkern um fremde, ins Lebensgefühl nicht integrierte Bestandteile eines Bewußtseins, die als beinah artifizielle Wirkung dem traditioneller gebliebenen Erziehungssystem zuzuschreiben sind. Daß die Selbstverständlichkeiten nationaler Empfindungen sich noch an den großen Figuren der Vergangenheit orientierten, ist hier wie dort kaum festzustellen, was freilich weder die Chancen patriotischer Rhetorik in einer Krise noch die historisch bedingten subzerebralen Verhaltensmuster der Nationen zu beeinträchtigen braucht. Die Selbstintensivierung der Gegenwart ist keiner der hochentwickelten Gesellschaften eigentümlich, sondern ihnen allen gemein. Man lebt sehr wohl aus dem, was vorher war, aber Denken und Anschauung sind von dem okkupiert, was am Tage ist oder zu sein vorgibt.

Abwegig ist es gewiß, das Verschwinden der Männer, die Geschichte machen, auf die Wirkung marxistischer Überzeugungen zurückzuführen. Nur die marxistische Theorie dementiert die große Persönlichkeit als selbständiges Movens der Politik, möchte alle Bewegungen auf die der Klassen und Massen zurückführen; dennoch hat sich die marxistische politische Praxis stets darin gefallen, nicht nur die großen Stifter der Lehre, sondern auch die Heroen der Kämpfe und Siege überschwenglich zu feiern, sie als Lebende mit so pomphaftem wie geschmacklosem Persönlichkeitskult zu umgeben. Auch damit scheint es vorbei zu sein. Schwer vorstellbar, daß nach der Zerstörung der Stalin- und dem Abbau der Mao-Verehrung noch einmal einem großen kommunistischen Führer halbgöttliche Ehrungen zugestanden werden könnten. Die kultische Präsentation der kanonisch gewordenen Gestalten Marx, Engels, Lenin hat mittlerweile den Geruch des Musealen, ist bis zum leeren Ritual erstarrt; die von den Enden des Reiches herangeholten Menschenmengen, die noch andachtsvoll an der Kreml-Mauer defilieren, zeigen die ausdrucksarmen, gewissermaßen zurückgebliebenen Gesichter, die von der Moskauer Jugend als provinziell und unzeitgenössisch aufgefaßt werden.

III.

Das Verschwinden des Staatsmanns als großen Mannes ist nicht eine Erscheinung der sozialen Wahrnehmung oder Ausdruck eines Interims von Mediokrität, sondern hängt mit einer prinzipiellen Veränderung der Weltlage zusammen. Mochte man zu Beginn des nuklearen Zeitalters noch glauben, daß künftige Geschichte wie die vergangene – große Veränderungen unter den Mächten dank Weisung oder entschlossenem Handeln von Staatenlenkern oder Menschheitsführern – möglich sei, so hat es nur weniger Jahrzehnte bedurft, die Realität eines im Grundsatz unveränderlichen Status quo zu befestigen. Ein Aufbäumen der mittleren Mächte gegen die Teilung der Welt in imperial beherrschte Großräume wäre lebensgefährlich, wird allenfalls von Phantasten, ohne Chance auf Gefolgschaft, ins Auge gefaßt. Selbst die Mächte, die heute Supermächte heißen, stellen den Weltzustand nur noch deklamatorisch in Frage und stabilisieren ihn in der Praxis, nur gelegentlich Interventionen ins Herrschaftsterritorium des jeweils anderen riskierend. Für den großen Mann als Veränderer, Gestalter der Weltpolitik ist keine Rolle mehr im Erdendrama vorgesehen. Selbst bloße heroische Bewahrung eines übernommenen Reiches kann keinen Titel der Größe mehr begründen, weil schon die Bedrohung des festgezurrten Status nicht sein darf. Große Männer mögen noch in kleinen Verhältnissen vorkommen, in jenem schmaler werdenden Zwischenreich, das noch nicht durch Verabredung der Weltmächte oder ihr konkludentes Handeln aufgeteilt ist – statt Napoleon Khomeini. Allenfalls mag die Phantasie sich einen großen Mann denken, der eine Krise bewältigt, die nicht eine solche des Verhältnisses der beiden Supermächte ist, einen Zusammenbruch der Weltwirtschaft beispielsweise oder einen Angriff der Außerirdischen.

Es gibt die Situation nicht mehr, die den großen Staatsmann erheischt, und es treten die großen Individuen nicht hervor, sich ihren historischen Augenblick zu schaffen. Das gilt selbst für das kärgliche Feld der inneren Politik der Staaten, die den Enthusiasmus der Völker nur selten aufregt, wo aber noch Entscheidungen möglich sind und Feindschaften noch gepflegt werden können. In den entwickelten Gesellschaften nämlich verleiht das Befehlshabertum als solches immer weniger Prestige. Wer nach außen nicht Mehrer seines Reiches sein kann, hat es schwerer, im Inneren so zu erscheinen. Wenngleich niemand bestreitet, daß die Hierarchie der Verwaltung, der politischen Daseinsvorsorge eine Spitze haben muß, wird dem Mann an der Spitze kein Bonus mehr eingeräumt, der über die Anerkennung hinausgeht, daß er sein Amt ausfülle, in seiner Funktion nicht versage. Die Vermutung drängt sich auf, daß von Max Webers drei Typen der legitimen Herrschaft nur noch die legale übriggeblieben sei, umgewandelt eigentlich in eine funktionale, und daß die anderen, an die einiger Glanz und einiges Charisma sich hefteten, in Subkulturen hinabgesunken sind. Staat und Regierung sollen funktionieren, mehr wird nicht erwartet; entsprechend ist die Erwartung an Staats- und Regierungschefs; entsprechend ist die Anlage der Personen, die zu solchen Ämtern drängen.

IV.

Die Willensstärke als Element der Größe des Herrschers ist stets hervorgehoben worden. Der unerschütterliche Wille, der »triumphiert« – worüber? Über den Willen anderer und über widrige Umstände. Zu solcher Willenskraft gehört freilich, was nicht angemerkt worden ist, daß er präponderant ist gegenüber anderen Eigenschaften des Menschen und seines Geistes. Daß der große Staatsmann nicht wankelmütig ist, wie etwa Intellektuelle zu sein pflegen, hat nichts Erstaunliches – Beständigkeit ist im praktischen Verhalten, im Handeln, Sache des Willens; während Seele und Verstand sich leicht wechselnden Einflüssen und Argumenten öffnen. Wo der Wille vor dem Verstand die Vorhand hat, wird sich »Charakter« zeigen, Schwanken und Charakterlosigkeit sind dem Erkennenden, Nachdenkenden, Abwägenden eigentümlich.

Niemand wird leugnen, daß Willenskraft und Durchsetzungsvermögen als Bedingung des Erfolgs in jeder sozialen Situation auch unter die notwendigen Attribute des Politikers zu zählen sind; doch erscheint die beschriebene Wandlung der Politik nicht günstig für jene Temperamente, die den Willen als vornehmstes Attribut zeigen und Entscheidungslust auf Kosten des Räsonierens betätigen. Die öffentliche Meinung beginnt zu ahnen, daß der große Mann, unverwundbar durch Argumente, gerüstet gegen eigene und fremde Einsicht, nicht mehr sein soll. Herodot klagte, es sei schlimm, viel zu wissen und keine Macht (keinen Willen) zu haben. Umgekehrt ist es schlimmer: nichts zu wissen und alles zu wollen.

V.

Der große Mann tritt also, weil die große Katastrophe nicht sein soll, aus der Geschichte aus.

Um auf Hitler zurückzukommen und auf die Frage, wem von den Vergangenen, den Letzten vor dem nuklearen Zeitalter, das Beiwort groß zu gönnen sei – die Erinnerung an die unstreitig Großen unter den Staatsmännern und Feldherren legt den Gedanken nahe, daß die Menschheit ihnen zu Lebzeiten oder in der Erinnerung Größe nicht nur darum zuerkannt habe, weil sie alle Merkmale aufwiesen, die wir bei Burckhardt benannt finden, sondern weil noch ein Geheimnisvolles, schwer zu Benennendes hinzutrat, das von ihrer politischen Wirkung nicht getrennt werden kann, ihr aber bei den anderen Mächtigen, die der Größe ermangeln, auch nicht zugehört.

Joachim Fests Hitler-Buch gibt den Hinweis. Inmitten der einleitenden subtilen Untersuchung, ob der Diktator ein großer Mann gewesen sei, zitiert der Biograph aus einem Briefe Bismarcks an seine Braut: Das »irdisch Imponierende steht immer in Verwandtschaft mit dem gefallenen Engel, der schön ist ohne Frieden, groß in seinen Plänen und Anstrengungen, aber ohne Gelingen, stolz und traurig«. Fest bemerkt dazu: »Der Abstand ist unermeßlich.« In der Tat. Hitler hatte nichts von diesem »irdisch Imponierenden«. Freilich ist auch Bismarck selbst, der unstreitig ein großer Mann gewesen, in dem romantisch-opernhaften Bild des stolzen und traurigen gefallenen Engels nur undeutlich zu erkennen. Ein anderer Unterschied, unermeßlichen Abstand bezeichnend, liegt zutage. Bismarck konnte einen solchen Satz schreiben, Hitler nicht. Jede mündliche und schriftliche Äußerung des Reichsgründers ist ein Zeugnis seines unvergleichlichen Genies. Hitlers Äußerungen sind zuweilen schlagfertig, von polemischer Kraft, aber kommen nie über das im niedrigsten Sinne Situationsgerechte hinaus. Seine Versuche, sich prinzipiell, im Zusammenhang darzustellen, sind von hilfloser Trivialität; für die Banalität des Bösen hätte Hannah Arendt Eichmann nicht gebraucht.

Die Herrscher und Staatsmänner, die die Menschheit seit je als große Leute wahrgenommen hat, sind eben nicht nur als Befehlshaber und Beweger der physischen Welt groß gewesen: von König David über Alexander, den Schüler des Aristoteles, über Cäsar, den Reichs- und Religionsstifter Mohammed, den Stauferkaiser Friedrich II., Lorenz Medici, die erste Elisabeth, den Preußenkönig bis zu Napoleon und Bismarck – nicht nur groß im Verrichten, sondern groß auch in der Welt des Geistes, als Selbstdenker, Selbstschaffende, als Gesetzgeber, als Anreger, Anstifter, Befreier der höchsten Talente ihres Zeitalters. Hitler, mit seinem untrüglichen Instinkt nicht nur für das Böse, sondern auch für das Schlechte, verstand sich darauf, jede lebendige Regung des Geistes zu unterdrücken, wollte das Abgelebte, den Abhub fördern, sich aus Kot ein Denkmal errichten.

Aus dem Amalgam von politischer Macht und dem Geist der Zeit in einer Person entsteht hingegen jenes Faszinosum, das zur Größe gehört, die Zeitgenossen überwältigt und die Phantasie der Völker noch nach Jahrhunderten beflügelt, das die Legenden dichtet. Wer nur in der politischen Geschichte Platz hat, ist kein großer Politiker gewesen.

P. S. Daß Hitler gegenwärtig bleibt und auf alle vorhersehbare Zukunft bleiben wird, wie wenn er ein Großer der Geschichte wäre, liegt in dem Umstand begründet, daß er als absolutes Monstrum dem politischen Moralisieren unentbehrlich bleibt – an seinen Verbrechen gemessen, sind die vergangener, gegenwärtiger oder zukünftiger Machthaber mildernd abzuheben. Er ist zudem der Verlierer des letzten großen Krieges gewesen, den die nachmaligen Supermächte noch führen und gewinnen durften; er bleibt ihnen unentbehrlich zur Bezeichnung des historischen Höhe-Punkts, als ihre Tugend herrisch und siegreich war.

Adenauer

I.

Als er im Spätsommer 1949 das Amt als erster Kanzler der Bundesrepublik Deutschland übernahm, war der Greis für seine Aufgabe wundersam gerüstet. Es fehlte ihm zwar jede Erfahrung in der internationalen Politik, obgleich seine erste Pflicht im Umgang mit den drei westlichen Siegermächten bestand; er hatte auch nie ein Amt in der Exekutive des Reiches innegehabt oder auch nur des Landes Preußen und sollte nun Chef der Regierung des freien Deutschland sein. Aber er brachte eine persönliche Ausstattung mit, durch die ihm schon nach wenigen Monaten eine Autorität zuwuchs, die den Begriff des Kanzlers prägte und an der jeder seiner Nachfolger gemessen werden sollte; auch auf den Gedanken, einen Kanzler der zweiten Republik mit einem Kanzler der ersten zu vergleichen, ist nach Adenauer niemand gekommen; er hat ein anderes Maß gesetzt. Was Lebenslauf und Werdegang des Dreiundsiebzigjährigen zu fehlen schien, als er den neuen Staat einzurichten, politisch zu gründen sich anschickte, machte in Wahrheit ihre Vorzüge aus. Vier Jahre nach Ende des Zweiten Weltkrieges gab es auf dem zusammengeschlossenen Territorium der drei westlichen Besetzungszonen kein Staatsvolk, sondern nur die »Eingeborenen von Trizonesien«, wie das Karnevalslied jener Epoche formulierte – eine Bevölkerung, wirtschaftlich verarmt, politisch gedemütigt und innerlich tief gespalten, mehrheitlich einig allenfalls in ihrem Willen zum Wiederaufbau und zum Vergessen des Vergangenen, ihrem Willen, böse Erinnerungen jedenfalls nicht als Störfaktor einer ohnedies heillosen Gegenwart zuzulassen.

Adenauer war zugleich alt und ohne Vergangenheit. Er spielte das Prestige seines Alters im Verkehr mit den Hochkommissaren, späterhin mit den Großen der Welt und in der Beziehung zu innenpolitischen Freunden und Feinden, mit der Öffentlichkeit, mit Schläue aus und vermochte dies um so unbehelligter, als er in seinem langen Leben weder als Teilnehmer an der einen Irrung noch der andern Wirrung hervorgetreten war; sondern ein Leben voller Erfahrung, aber ohne all die Vorwerfbarkeiten vorzuweisen hatte, in denen sich die ideologischen und sozialen Teilungen der geschlagenen Nation moralisierend niederschlugen. Er war vom Nationalsozialismus und seinen Greueln ganz entfernt geblieben, hatte aber auch der Widerstandsbewegung nicht angehört. Die Nationalsozialisten hatten ihn aus dem Amt des Kölner Oberbürgermeisters gejagt, aber die britische Besetzungsmacht auch. Er war nie in seinem Leben Soldat gewesen, kein Militarist, aber glaubwürdig frei von antimilitärischem Ressentiment. Er hatte als Präsident des preußischen Staatsrats an der Politik des »Systems von Weimar« seinen Teil, aber hinreichend kritischen Abstand zu den Gestalten der Weimarer Republik, auch denen seiner eigenen Partei, gewahrt, um nicht mit der gescheiterten Weimarer Politik identifiziert werden zu können. Er war Demokrat, im parlamentarischen Umgang schon seit der kaiserlichen Zeit wohlerprobt, aber von der patriarchalischen Art, von keinem Soupçon gegen Recht, Ordnung, Staatsgewalt befallen. Er war nie Emigrant/Remigrant, unter Kaiser Wilhelm kein Anhänger der Monarchie, in der Republik nicht Parteigänger Eberts oder Hindenburgs, unter Hitler als Regimegegner belästigt, aber nicht scharf verfolgt – ein langes Leben ohne opportunistische Anpassung und ohne passioniertes Engagement für Gutgemeintes, das doch nicht zu retten, gegen Bösartiges, das doch

nicht zu zerstören war; die Biographie eines Deutschen in
Deutschland, der sich im Gegebenen ohne Beschädigung der
Person und der Ehre eingerichtet hatte und – seit wie vielen
Jahren schon? – wartete.

II.

Als seine Stunde, seine Situation da war, griff er ganz selbstverständlich, ohne das mindeste ernstliche Zögern, zu. Alle
Vorbereitungen hatte er in der Zeit der militärischen Okkupation der Militärverwaltung der drei Westalliierten getroffen. Er
hatte kein Amt in einer bloßen Landesregierung übernommen,
sich nicht in die Kameraderie der einander gleichgestellten
Ministerpräsidenten eingeordnet, die in Weimarer politischen
Mustern dachten und Politik als permanenten Kompromiß der
guten Demokraten vorstellten, sondern statt dessen die beiden
einzigen Ämter übernommen, die »bundesweit« Bedeutung
hatten. Das erste und bei weitem wichtigste war die zunächst
informelle Führerschaft der CDU. Diese einzige Neuschöp-
fung einer politischen Partei in der Nachkriegszeit bezog ihre
Chance daraus, daß das NS-Regime durch die Kirchenverfol-
gung die Belanglosigkeit der politischen Unterscheidung der
Konfessionen dargetan hatte und damit den Zusammenschluß
von Katholiken und Protestanten in einer Partei ermöglichte,
die das übergreifend »Christliche« als positives Wahrzeichen
verwenden konnte und sich in der Berufung auf eben dies
Christliche von allem Sozialistischen absetzte (was beides zwei
oder drei Jahrzehnte später nicht mehr möglich gewesen wäre).
Sie bildete das politische Glacis einer »Union«, die die traditionelle Parteienzersplitterung der nichtsozialistischen, der bürgerlichen Wählerschaft würde überwinden und eigenständig
mehrheitsfähig sein können. Diese christliche Partei konnte
linke Katholiken, konservative norddeutsche Evangelische,
Landwirte, Mittelständler, Fabrikherren umfassen wie auch

ehemaligen Mitläufern Hitlers Unterschlupf gewähren, denn das »Christliche« schloß nach dem Kirchenkampf jede Verdächtigung, für Faschistisches anfällig zu sein, aus; die Abgrenzung des Christlichen nach ganz links bedurfte damals keines Worts. Eine Verbindung von christlichem und marxistischem Denken oder Aktionseinheiten von Christen und Marxisten lagen außerhalb jeder politischen und theologischen Phantasie. Für Adenauer war die Existenz der Union und die Aussicht, mit ihr die Regierung zu übernehmen und andere Personen und Gruppen von bedenklicher Überzeugung von ihr fernzuhalten, als Programmatik ausreichend – jenseits der Selbstverständlichkeiten, die sich aus dem traditionellen Verständnis des christlichen Sittengesetzes und seinen eigenen Auffassungen von Staat und Recht ergaben. In der Folgezeit hat er denn auch als Parteiführer die unvermeidlichen Programmdiskussionen bereitwillig anderen überlassen, vornehmlich evangelischen Parteifreunden hochgemuter Gesinnung, die er damit von den Geschäften fernhielt und die sich durch das Gefühl, die Philosophen der Partei zu sein, entschädigt sehen mochten.

Das zweite Amt, das er übernehmen konnte, weil er schon über die britische Besetzungszone hinaus als Führer der CDU ein Ansehen hatte, war die Präsidentschaft des Parlamentarischen Rates, der das Grundgesetz für die Bundesrepublik Deutschland ausarbeiten sollte. Hier, wie im Falle seiner Partei, verstand er eine Einrichtung zu nutzen, deren Schöpfung nicht eigentlich sein eigenes Werk gewesen war. Und hier wie im Falle der CDU war es die Einfluß- und Machtposition, die ihm zuwuchs, die ihn fesselte und von der er mit taktischer Meisterschaft Gebrauch machte, und viel weniger die staatsrechtliche Programmatik, die in Gesetzesartikeln zu bewältigen war, wenn sie auch als Basis seiner zukünftigen Macht ihn viel stärker beschäftigte als die politische Programmatik der Union. Von Parteiprogrammen, Wahlversprechen mag er ungefähr so gedacht haben wie de Gaulle, dem dazu der Satz eingefallen war, daß der Politiker immer die Wahl habe, sein Land oder seine Wähler zu hintergehen. Bei der Arbeit am Grundgesetz mußte sein Augenmerk allenfalls einer starken Stellung der Regierung und des Regierungschefs gelten, also jenes Amtes, das er schon damals sich nicht anders als in den eigenen Händen denken konnte, und der entsprechenden Zähmung des Parlamentarismus und der Reduktion des präsidialen Staatsoberhaupts aufs Zeremonielle und Notarielle. Die herausragende Position, die die neue Verfassung dem Bundesverfassungsgericht, der Wirkungsmöglichkeit einer politischen Justiz, zuwies, hat er im nachhinein bedauert und falsch gefunden. Von Hause aus selbst Jurist, hatte ihn die politische Praxis bei der Stadt Köln und die politische Beobachtung der Weimarer Republik gelehrt, in die bloß rechtliche Absicherung politischer Institutionen nicht allzuviel Vertrauen zu setzen – über die relative Bedeutungslosigkeit des Kanzlerprinzips im Fall einer Koalitionsregierung oder brüchiger Unterstützung der eigenen Partei ist er sich keineswegs im unklaren gewesen; sein eher distanziertes Verhältnis zur legalen Absicherung des Institutionellen, die Überzeugung, daß der politische Wille auch Verfassungsartikeln einen Inhalt einflößen könne, als dessen Gefäß sie nicht geformt worden waren, hat ihn denn auch zu politischem Fehlverhalten geführt, ja in Niederlagen hinein wie die des Frühjahres 1959, als er für das Amt des Bundespräsidenten zu kandidieren beschloß und gegen Verfassungstext und Staatspraxis wesentliche Befugnisse aus dem Palais Schaumburg in die Villa Hammerschmidt mitnehmen wollte. Damals ist er nicht nur am Widerstand von Partei und Öffentlichkeit, sondern am Grundgesetz gescheitert, dessen Ausarbeitung er ein Dezennium vorher geleitet hatte. Als der Parlamentarische Rat seine Tätigkeit beendete, waren drei Grundentscheidungen der Sache nach im Sinne Adenauers gefallen: Er war der Kanzlerkandidat der Union, der Kanzler war definiert als die Führungsfigur der deutschen Politik, und Bonn wurde Hauptstadt.

III.

Andere Entscheidungen, die die Orientierung der Bundesrepublik in ihren ersten Jahrzehnten bestimmen sollten, waren präformiert, als Adenauer im September 1949 sein Amt als Bundeskanzler antrat. Der neue Staat war von den Westalliierten gewollt, weil in Deutschland wie anderswo eine politische Zusammenarbeit mit dem vierten Kriegsalliierten, der Sowjetunion, nicht mehr möglich war und beide Kontrahenten des Kalten Krieges danach strebten, ihre Territorien abzugrenzen und zu stabilisieren. Im Denken der beiden Supermächte handelte es sich um die Befestigung von »Großräumen mit Interventionsverbot für raumfremde Mächte« (Carl Schmitt), von denen die Bundesrepublik Deutschland und die wenig später ausgerufene DDR von den jeweiligen Protektoren nur als Teile von höchst begrenzter und streng kontrollierter Autonomie gedacht waren. Die große Leistung des ersten Kanzlers hat darin bestanden, die bereits festgezurrte Situation prinzipiell zu akzeptieren, um in ihr der Bundesrepublik einen Status zu verschaffen, der sie in Wahrheit transzendierte. Der »Kanzler der Alliierten«, wie ihn sein allein ernst zu nehmender Gegner Kurt Schumacher, der sozialdemokratische Oppositionsführer, schimpfend nannte, setzte die Politik der Alliierten in mühsamen innenpolitischen Kämpfen in der Bundesrepublik durch und gleichlaufend, nicht minder mühselig, das Interesse der Bundesrepublik bei den Alliierten. Nie hat er einer Versuchung nachgegeben oder sie auch nur empfunden, auf sowjetische Drohungen oder Lockungen einzugehen – berühmtestes Beispiel das sowjetische »Wiedervereinigungsangebot« 1952; statt dessen in selbstverständlicher Würde und keineswegs selbstverständlicher Zähigkeit alle Fesseln und Kontrollmechanismen, die die Bundesrepublik behinderten, abgebaut, dergestalt, daß nach knapp sechs Jahren die Bundesrepublik die formale Souveränität erlangt hatte und im Kreis der westlichen

Zivilisation trotz allen Erinnerungen an Nazigreuel und Zweiten Weltkrieg eine Akzeptanz, wie sie der Weimarer Republik in der ganzen Zeit ihres Bestehens nicht zuteil geworden war. Auf dem Höhepunkt seiner Autorität und Tatkraft (ungefähr anzusetzen mit dem 2. Bundestag 1953 bis 1957) war Adenauer der einflußreichste Ratgeber der amerikanischen Regierung, war die Bundesrepublik der wichtigste Verbündete der USA, konnte maßgeblich die Gründung der Europäischen Wirtschaftsgemeinschaft betreiben und stellte ihren ersten Präsidenten.

IV.

Ihren unerhört raschen Aufstieg aus der politischen und ökonomischen Nichtigkeit der totalen Niederlage des Reiches hat die Bundesrepublik, nachdem ihre führenden Politiker ihn eine Zeitlang selbstgefällig feierten, viel eher an den Rand der Erinnerung geschoben als etwa die Jahre der Hitlerherrschaft, deren Verdrängung ihre moralisierende Oberschicht nicht müde ward zu behaupten. Beinahe vergessen wurde die Leistung des Volkes und des einzelnen an der Spitze (von Erhard muß freilich noch die Rede sein), die dieser einzigen fundamentalen Veränderung zugrunde gelegen hat, die sich nach dem letzten europäischen Weltkrieg auf dem alten Kontinent hergestellt hat und die die Basis seiner reduzierten Weltgeltung bildet. Hitler ist gegenwärtiger als Adenauer – Gespenster und Dämonen gehen um, ehrsame Tote nicht.

Adenauers Taten, die die Errichtung, den Aufstieg, die Stabilisierung der Bundesrepublik erst möglich machten, bestanden vornehmlich in einer Serie von Friedensschlüssen, dank derer der Kriegszustand überwunden, überholt, überspielt werden konnte, da doch kein förmlicher Friedensschluß möglich war. Es waren Friedensschlüsse im Inneren wie nach außen. Die außenpolitische Befriedung oder Bereinigung, der eine zur Sentimentalität neigende politische Sprache alsbald das der theologischen oder der intimen Sphäre vorbehaltene Wort »Aussöhnung« beigab, ging von dem Prinzip aus, daß Schuld und Schulden Deutschlands gegenüber den Siegermächten anzuerkennen und soweit wie möglich und nötig zu begleichen seien. Die Bundesrepublik verhielt sich insofern als Nachfolgerin des Deutschen Reiches, die sie auch rechtlich zu sein in Anspruch zu nehmen nie gänzlich aufgehört hat. Die historisch überaus seltene Erscheinung, daß ein Teilstaat die immense Hinterlassenschaft eines faktisch untergegangenen Großstaates auf die Schultern nimmt, war politisch nicht nur richtig in dem Sinne, im Verhältnis zur DDR »Deutschland« zu sein und Depositar aller Hoffnung, die die Geschichte für die Deutschen dennoch bergen mochte, sondern richtig auch in dem schlichten politischen Verstande, daß bei einer Ausschlagung des politisch gänzlich negativen Erbes eine Aufnahme in die Gemeinschaft der freien und einander einigermaßen gleichen Nationen nicht möglich gewesen wäre. Wenn Adenauer nicht die einzelnen außenpolitischen Befriedungen im Namen Deutschlands bewirkt hätte, könnte noch vierzig Jahre nach Kriegsende ein Anspruch auf einen Friedensschluß mit Deutschland mit all seinen unermeßlichen Interventionschancen erhoben werden. So ist Deutschland in Gestalt der Bundesrepublik vom Besiegten zum gleichberechtigten Verbündeten anderer Gleichberechtigter und zum Partner von ganz unzweifelhafter Legitimität gegenüber aller Welt geworden; so ist wohl ein zukünftiger gesamteuropäischer »Friedensschluß« auszudenken, aber nicht einer, dessen Objekt ausschließlich Deutschland wäre.

Die außenpolitische Befriedung enthielt vier hauptsächliche Elemente. Die *amerikanische Siegermacht* wünschte, ihre Machtsphäre, die freie, nichtkommunistische Welt, abzugrenzen und abzusichern. Dem diente der deutsche Verteidigungsbeitrag, den der Kanzler gegen die heftigsten Widerstände schon in den ersten Jahren seiner Amtsführung bereitstellte. Als zweite westliche Siegermacht in politisch unbestimmbarer, aber moralisch höchst greifbarer Weise hat Adenauer das *jüdische Volk* angesehen, das zugleich Hauptfeind und Hauptopfer Hitlers gewesen war. Adenauer gelang das Wiedergutmachungsabkommen mit Israel, dem die individuelle Wiedergutmachung für nicht-israelische Juden zur Seite trat; auch dies ein historisches und moralisches Unikat. In beiden Fällen sah Adenauer sehr genau nicht nur die eigentlichen Adressaten der Wiedergutmachung, sondern auch die Drittwirkung auf das Gemüt der zivilisierten Menschheit. Die Begründung einer immer enger werdenden *deutsch-französischen Kooperation* war psychologisch schwierig, aber immerhin einfacher als nach dem Ersten Weltkrieg, wo sie nach den Anläufen einiger weniger erleuchteter Geister auf beiden Seiten steckengeblieben war. Frankreich war nicht im Vollsinn Siegermacht, es gab keine strittigen territorialen Ansprüche mehr. Auch hatte Adenauer, der in Deutschland und Frankreich den Kern Europas und in der antifranzösischen Politik des Wilhelminismus immer eine Torheit gesehen hatte, kein Problem, wenn auch keine französische Suprematie, so doch einen protokollarischen Vortritt Frankreichs anzuerkennen. Der einzige Streitpunkt, der einem deutsch-französischen Akkord im Wege stand, war der Status des zunächst von den Franzosen okkupierten, aber intern mit gewisser Selbstverwaltung ausgestatteten Saargebiets. Nachdem Frankreich jeden Gedanken an eine förmliche Annexion fallengelassen hatte, bestand nur noch die Alternative zwischen dem Anschluß an Deutschland und der Einrichtung eines europäischen, autonomen Territoriums. Der Wille der Saarländer sollte entscheiden; und Adenauer war ohne Zweifel bereit, was ihm die nationalen Seelen sehr verübelten, um des deutsch-französischen Verhältnisses willen eine nicht für Deutschland ausfallende Entscheidung zu akzeptieren. Seine amtliche Außenpolitik verhielt sich infolgedessen im Saar-Disput korrekt-neutral; hinter oder unterhalb dieser offiziellen Neutralität gab es freilich massive private und offiziöse Hilfestellungen für die deutsch denkenden Parteien an der Saar, denen die Autonomisten und die Franzosen selbst nichts Rechtes entgegenzusetzen hatten; auch sprach, kulturell wie ökonomisch, alles für die Rückkehr in den deutschen Staatsverband. Es ist Adenauers Festigkeit und Klugheit zuzuschreiben, daß aus der Entscheidung für Deutschland kein Schatten auf das deutsch-französische Verhältnis gefallen ist. Eine außenpolitische Flurbereinigung globalen Ausmaßes, zugleich ein Glanzstück der deutschen Diplomatie (im Auftrag des Kanzlers von dem ersten Mann der deutschen Banken, H. J. Abs, vollbracht) war der Abschluß des *Londoner Schuldenabkommens*, das mit einem Schlag die Abwicklung deutscher Vorkriegsverbindlichkeiten brachte und die Bundesrepublik als Teilhaber von hoher Kreditwürdigkeit in die Weltwirtschaft einführte.

Die innere Friedensstiftung war eine nicht minder schwierige, nicht weniger wichtige Aufgabe. Mit ihr gelang Adenauer, was der ersten Republik in den vierzehn Jahren ihres Bestehens nicht gelungen war: die Deutschen bis auf eine bedeutungslose Minderheit an den neuen Staat, an die Demokratie zu gewöhnen. Wenn auch in dem in zwei Staaten aufgeteilten Volk ein eigentliches Nationalempfinden sich nicht ausdrücken konnte, sondern nur gelegentlich ein diffuser patriotischer Stolz sich an sportliche und ökonomische Erfolge heftete, so hatten doch die in der Bundesrepublik versammelten Deutschen nach kurzer Frist keine Schwierigkeit, sich mit ihr zu identifizieren, die Verfassung und ihre Organe als die ihren anzusehen und die früher so umstrittene schwarz-rot-goldene Fahne zu respektieren; in späteren Jahren wurden die Bundesfarben dann auch privat und unpolitisch als Erkennungs- und Identifikationszeichen benutzt. Und alle, beinah alle, verständigten sich darauf, Demokraten im Sinne der freiheitlich-demokratischen Grundordnung zu sein. Als Adenauer begann, war nichts weniger selbstverständlich gewesen als dies.

Der neue Kanzler sollte aus einer Bevölkerung, die zuvor in ihrer Überzahl dem Diktator erst zögernd, dann willig und zuweilen begeistert gefolgt war, ein Staatsvolk machen. Viele Tausende hatten unter dem Nationalsozialismus schrecklich gelitten, einige Hunderttausend hatten, ohne sich selbst an seinen Verbrechen zu beteiligen, dank entschiedenem Mitmachen profitiert, alle waren vom Krieg heimgesucht worden – aber höchst unterschiedlich; Millionen hatten Väter, Mütter, Söhne, Gesundheit, Haus und Heimat verloren, Millionen anderer waren glimpflich davongekommen. Froh über das Ende des Krieges waren alle und zugleich enttäuscht, verbittert, was die eigenen Lebenspläne, das eigene Schicksal anging.

Die vielfältigen Ungleichheiten, Ungerechtigkeiten, Antagonismen, die Nationalsozialismus, Krieg und Kriegsfolgen hinterlassen hatten, wurden durch Pakete von Sozialgesetzen aufs Erträgliche, aufs Miteinander-leben-Können, eingeebnet. Sie lassen sich durch drei Stichworte zusammenfassen. Die *Wiedergutmachung* war ein moralisch-politisches Prinzip der Staatstätigkeiten nicht nur nach außen, sondern ganz natürlich auch den Verfolgten des NS-Regimes in der Bundesrepublik zukommend. Sie hatte schon durch Edikte alliierter Militärbehörden und Maßnahmen der Länder vor Errichtung des neuen Bundesstaates begonnen; nun vollzogen sich die mannigfachen vermögensrechtlichen, beruflichen Restitutionen nach bundeseinheitlichen Gesichtspunkten an Personen und Institutionen; fortlaufende Zahlungen von Subsistenzmitteln an ehedem Verfolgte und ihre Hinterbliebenen traten hinzu.

Beinahe gleichzeitig wurde für jene Schicht gesorgt, die als deutsche Soldaten, Beamte, Angestellte und Arbeiter des öffentlichen Dienstes gedient hatten, keine weitere Verwendung mehr finden konnten und sich selbst mit vollem oder einigem Recht als bloßes Opfer der Zeitläufte ansahen; Rechtsgrundlage war das nach *Artikel 131 des Grundgesetzes* zu erlassende und benannte Bundesgesetz. Eine dritte Gruppe von Gesetzen

und staatlichen Maßnahmen galt der Eingliederung der Flücht-
linge und Vertriebenen aus den Ostgebieten des Reiches (späterhin auch aus dem Territorium der nachmaligen DDR), deren Zahl auf schließlich über zwölf Millionen angewachsen
war, also ein Fünftel der Einwohnerschaft des Bundesgebietes
ausmachte. Diese mutmaßlich umfangreichste und kostspielig-
ste soziale Aktion der Geschichte erhielt den Namen *Lasten-
ausgleich*, welch undifferenzierte Bezeichnung auch auf die
Gesamtheit der Politik passen würde, die sich den billigen Ausgleich der insgesamt schweren, aber im einzelnen so unter-
schiedlichen Hinterlassenschaft aus der Vorgeschichte der Bundesrepublik vorgenommen hatte; und sie auch erreichte. Innerhalb des Volkes gab es keine Sieger und Besiegten mehr – jeder
geschlagen, keiner zufrieden, alle befriedet.

V.

Die entschiedene Hinwendung zum Westen, die Adenauer mit
der Bundesrepublik vollzog, entsprach nicht nur der Einsicht
in die real-, die geopolitische Notwendigkeit. Zunächst war
die Einsicht keineswegs Gemeingut der politisch Denkenden
und Verantwortlichen, und die Notwendigkeit selber hatte
nicht absoluten Charakter, sondern politischen, im Sinne der
Kunst des Möglichen. Denn durchaus denkbar wäre es gewesen, daß die Deutschen der Besetzungszonen sich der Alternative von Ost und West verweigert, einem Eingehen auf die
politische Gesamtlage einen störrisch-standhaften Attentismus
vorgezogen hätten, in der Hoffnung darauf, daß ihnen die Siegermächte beim heroischen, unüberwindlichen Durchhalten
die Einheit der Nation nicht auf ewig hätten vorenthalten können.

Man tut Kurt Schumacher nicht Unrecht, wenn man ihm
eine tiefe Sympathie für eine solche Verweigerung und Front-

stellung gegen alle Besetzungsmächte, deren Wille und Interesse auf Teilung ging, unterstellt. Diese große Verweigerung, ein Akt der Einheit der Deutschen selbst und Basis der Wiederherstellung eines sie umfassenden Staates, war aber nur denkbar – nicht mehr. Ob die Alliierten hätten gesinnt sein können, die Kundgebung eines nationalen Willens der eben erst geschlagenen Deutschen irgendwann zu respektieren, braucht nicht überlegt zu werden; die Deutschen selbst hatten diesen nationalen Willen nicht, hätten nicht die Kraft gehabt, ihn auszudrükken; nicht nur das Reich und die Wehrmacht hatten kapituliert, auch das deutsche Volk.

Adenauer kannte seine Deutschen und ihre bescheiden gewordenen Hoffnungen besser als der auch als Person heroische Schumacher. Zudem wollte er die Errichtung der Bundesrepublik als dem Westen zugeordneten Staat, die Wiedervereinigung war ihm keineswegs gleichgültig, aber Cura posterior. Er sah in der Bundesrepublik die Chance einer Korrektur der deutschen Geschichte überhaupt, die Revision einer Fehlentwicklung, die im Bismarck-Reich mit der Vorherrschaft Preußens ihre Kulmination erreicht hatte und von dem Österreicher Hitler ins Gespenstische, dem Untergang Verpflichtete überhöht worden war. Er war, wenn man so will, ein Mann des »alten Reiches« – jenes auf römisch-christlicher Tradition ruhenden deutschen Kulturterritoriums zwischen den an der Peripherie gelegenen beiden Vormächten Preußen und Österreich; wäre wohl auch der Meinung gewesen, daß schon bei der Schlacht im Teutoburger Walde nicht Hermann der Cherusker, sondern der römische Feldherr Varus hätte obsiegen sollen; und war aus tiefster Überzeugung Feind der preußischen Ausdehnung nach Westen, insbesondere der Annexion der Rheinlande. Immer wieder ist er im Gespräch auf die verheerende Fehlentscheidung des Wiener Kongresses zurückgekommen (für die er, historisch nicht ganz korrekt, die britische Diplomatie verantwortlich machte), dem zu den Siegern über

Napoleon zählenden Preußen als Prämie nicht das von Preußen selbst gewünschte, mit Napoleon verbündet gewesene Königreich Sachsen zuzuteilen, sondern Sachsen zu erhalten und die preußische Macht am Rhein zu etablieren. In dem einen Falle wäre Preußen eine ostdeutsche Macht mit geschlossenem Staatsgebiet geworden, im andern war der Weg Preußens als eines ganz Norddeutschland mit getrennten Territorien überspannenden Staates zur innerdeutschen Expansion, zum Kampf um die Vorherrschaft mit Österreich, zur Herstellung eines deutschen Reiches zu preußischen Bedingungen vorgezeichnet. Was ihn an Preußen-Deutschland störte, war wohl weniger der Affekt gegen die Mischung von sozialer Rückständigkeit und organisatorischer Modernität, die Arroganz landfremder Beamtenschaft, mit der das arme Preußen kulturell und ökonomisch den weitaus reicher ausgestatteten Westen überzog, die Tatsache, daß die im fernen Berlin tonangebenden Herren über den märkischen Sand zu Herren über das Wirtschaftspotential im Westen geworden waren, auf das sie ihre militärischen Allüren stützen konnten, und das rheinische Ressentiment gegen den spätestens unter Wilhelm II. zum Geschwätz verkommenen preußischen Begriff von Pflicht, Ordnung und Sparsamkeit (Tugenden, die Adenauer besaß, aber hervorzukehren geschmacklos fand). Es war viel eher eine Überzeugung aus politischer Vernunft. Er hielt nichts von einer Mitteleuropa-Funktion Deutschlands. Das Land der Mitte war das Land, das sich zwischen Ost und West nicht entscheiden konnte, das Land der Interventionschancen für fremde Mächte, das Land des Zweifrontenkrieges. Eine Mitteleuropapolitik war selbst dem politischen Genie Bismarcks nur dank subtiler Balancierungskünste möglich gewesen, und er hatte doch noch von einem Reich aus operieren können, das eine wirkliche europäische Großmacht und jedem einzelnen seiner Nachbarn überlegen war, wenn auch nicht ihrer Verbindung. Der bloße Gedanke, daß das im Zweiten Weltkrieg nun vollständig unterlegene Land zu einer Mitteleuropapolitik zwischen Ost und West zurückkehren könne, erschien Adenauer gefährlich. Deutschland war keine europäische Vormacht mehr und würde es nicht mehr sein können, und es gab nicht mehr im Westen wie im Osten die gleichermaßen dem ius publicum europaeum verpflichteten Mächte christlicher Gesittung, grundsätzlich ähnlicher gesellschaftlicher Ordnung und Gesinnung, sondern zwei Blöcke, die für grundsätzlich verschiedene und einander feindselige, ideologisch verfestigte Prinzipien standen. Adenauer, der sein politisches Handeln nicht mit Überzeugungen zu überfrachten pflegte, war in diesem Punkt von ganz unnachgiebiger Härte und Entschlossenheit: Deutschland sollte für alle Zeit zum Westen gehören. Das war nicht ohne die Gründung und Kräftigung der Bundesrepublik möglich.

VI.

Sowohl die äußeren als auch die inneren Friedensschlüsse, für die Adenauers Name steht, wären ohne den Mann nicht möglich gewesen, den er verabscheute und der sein Nachfolger wurde. Ludwig Erhard, der einzige große Liberale, den die deutsche Geschichte hervorgebracht hat, war als Direktor des »Vereinigten Wirtschaftsgebietes« schon eine berühmte, in seiner Politik zunächst umstrittene, dann ungemein erfolgreiche Erscheinung, als Adenauer erst die nationale Szene betrat. Er hatte an der Währungsreform 1948 mitgewirkt und – eine unvergleichliche, den deutschen Zeitgenossen wie den Militärgouverneuren unvorstellbare Tat – die Zwangsbewirtschaftung, die Rationierung aufgehoben, mit einem Schlag die Kriegs- und Zwangswirtschaft der Nationalsozialisten und ihrer Nachlaßverwalter beseitigt und die Dynamik der Marktwirtschaft freigesetzt. Am 19. August 1949, fünf Tage nach der ersten Bundestagswahl, konnte er erklären: »Ich bin mit Dr.

Adenauer völlig darüber einig, daß, gleichgültig welche Lösung [bei der Regierungsbildung] gefunden werden wird, auf keinen Fall die klare Linie unserer Wirtschaftspolitik angetastet werden darf.« Das waren die selbstbewußten Worte eines Mannes, der wußte, daß ohne ihn keine Regierungsbildung und daß keine andere als seine Wirtschaftspolitik möglich war. Diese Wirtschaftspolitik, die zu ständigen und dramatischen Steigerungen des Bruttosozialprodukts führte, war es, die Adenauers Politik der inneren und äußeren Friedensstiftung alimentiert hat; eine Abhängigkeit, die der Kanzler sich ungern eingestand und an die er während seiner ganzen Amtszeit erinnert wurde.

Wenngleich objektiv das Wirken beider Staatsmänner aufeinander angelegt war, keiner ohne den anderen für die deutsche Geschichte hätte so bedeutend werden können, haben sie sich innerlich nie im Einklang befunden. Unter den vielen bekanntgewordenen fundamentalen Differenzen ragt diejenige um die Korea-Krise 1951 hochtypisch hervor. Adenauer, große außenpolitische Gefährdungen erahnend, die Verschärfung des Kalten Krieges in Europa befürchtend, wollte die Lebensmittelrationierung und obrigkeitliche Verteilung lebensnotwendiger Güter wieder einführen; Erhard widersetzte sich und behielt recht. Kaum je hat sich der Unterschied der beiden politischen Charaktere deutlicher gezeigt. Erhard war ein prinzipieller Optimist, tief von dem Glauben durchdrungen, daß der Mensch nicht nur frei sein könne und frei sein müsse, sondern auch von seiner Freiheit einen vernunftgemäßen Gebrauch zu machen verstehe. Adenauer, unbedingter Anhänger politischer Freiheit auch er, hatte eine eher skeptische Auffassung, was Urteilskraft und Standhaftigkeit seiner Mitmenschen anging. Seine ironische Attitüde, der gelegentliche Zynismen nicht fehlten, war dafür nur der augenfälligste Ausdruck. Er war ein fürsorglicher Etatist, hielt im Grunde seines Herzens dafür, daß das Volk von seiner frei gewählten Obrigkeit betreut und wie eine Bürgerschaft von einem altväterlichen Magistrat umsorgt, aber auch im Zaum gehalten werden müsse. Er war wie Erhard Anhänger des Privateigentums, selbstverständlich auch an Produktionsmitteln, aber kannte, da er zeit seines aktiven Lebens dem öffentlichen Dienst angehört hatte, die politische Brauchbarkeit von Regiebetrieben und war im Umgang mit Wirtschaftsführern und Verbänden geübt, in welchem sich mancherlei vertraulich-politisch in Absprache verständiger Männer regeln läßt, statt alles gleich auf den wüsten öffentlichen Markt oder in den uneingeschränkten Wettbewerb zu geben. Dergleichen war Erhard ein Greuel; nicht zufällig, daß die Beziehung des Wirtschaftsministers zur Hochfinanz, den großen Wirtschaftsverbänden und den Gewerkschaften immer viel mißtrauischer und problematischer war als die des Kanzlers. Wollte der Wirtschaftsminister staatliche Eingriffe in die Wirtschaft nur zum Schutz der Marktwirtschaft und des Wettbewerbs zulassen, beispielsweise durch ein möglichst scharfes Kartellrecht, so war dem Kanzler der staatliche Schutz bestimmter wirtschaftlicher Interessen, beispielsweise durch Währungsmanipulationen und Subsidien, unbedenklich. Adenauer hatte sein Leben am Rande des Ruhrgebiets zugebracht, hielt die Schwerindustrie für die wirkliche Schlüsselindustrie und schutzbedürftig, das Industriegebiet für den politischen Schwerpunkt der Republik, dessen Einwohnerschaft auch aus politischen Gründen nachhaltige Obsorge zu gelten habe. Adenauers Industriepaternalismus konnte sich gegen Erhards ökonomisches Freidenkertum nur begrenzt durchsetzen. Erst unter den Nachfolgern kam es zu der sozial inspirierten Industriepolitik, die sich mit der in den siebziger Jahren sichtbar werdenden Obsoleszenz der Traditionsindustrien als unsozial enttarnte.

Das ungeheure Wirtschaftswachstum hat Adenauer in den Stand gesetzt, mit Hilfe der Taktik der »Vorabbefriedigung der sozialen Interessen« seine Wahlkämpfe von sozialem Konfliktstoff freizuhalten. War es bei der Wahl 1953 immerhin auch noch um die Ratifikation seiner Außenpolitik gegangen, so war der Wahlkampf 1957 ein bloßes Kanzlerplebiszit, das er mühelos gewann; noch die Wahl 1961 war im wesentlichen durch das Prestige seiner Person zu entscheiden. Auch blieb das Parlament nach dem ersten Bundestag dank der vom Kanzler meisterlich gehandhabten vorparlamentarischen Absprachen von großen Kontroversen und Entscheidungen entlastet. Von einer gern ins Kulturphilosophische spielenden Kritik ist Adenauer diese Art seines persönlichen Regiments verübelt worden – mit dem ganzen Recht, das einer Erscheinung gelten muß, die sich in allen funktionsfähigen Demokratien zeigt, sobald sie einen kräftigen Kopf an der Spitze haben.

VII.

War Adenauers erstes Ziel die Wiederherstellung Deutschlands in seinem frei gebliebenen Teil gewesen, so galt das der Zukunft zugewendete Mühen der Einigung des westlichen Europas. Ziemlich rasch war es gelungen, mit den Gesinnungsfreunden in Frankreich, Italien, den Benelux-Ländern eine Wirtschaftsgemeinschaft zu errichten, aus der nach Adenauers Vorsatz eine politische Gemeinschaft, ein europäischer Bundesstaat werden sollte. Die Deutschen konnten ihm um so bereitwilliger, ja begeisterter folgen, als es einer Nation, die eine geschlagene, verachtete, obendrein geteilte war, leichtfiel, sich auf Supranationalität, auf ein Aufgeben des historisch Eigenen zugunsten eines größeren Kommenden einzulassen. Freilich verkannten viele, die große Publizistik und einflußreiche Männer der Kanzlerpartei darunter mitsamt der Opposition, daß der wirtschaftliche Zusammenschluß der Einen den Ausschluß der Anderen bedeutete und daß eine politisch handlungsfähige Union eine hohe Übereinstimmung der Interessen ihrer Mitglieder voraussetzen, also um so leichter gefährdet sein würde, je mehr Staaten der Beitritt offenstand. So war die Wirtschaftsgemeinschaft von ihrer Gründung an vom Beifall auch jener begleitet, die gänzlich anderes wollten – Erhard und die Freihändler, die die der EG inhärente Selbstprivilegierung eines gemeinsamen Marktes, einer Zollunion ablehnten, die Großeuropäer, die sich die Union nicht ohne Großbritannien (und Skandinavien pp.) denken konnten. Diese gegenläufige Tendenz hatte die Unterstützung der USA, aufrichtig-unaufrichtiger Freunde der europäischen Einigung; Europa sollte sich wohl einigen, aber doch nicht politische Selbständigkeit und wirtschaftliche Macht, eine Ebenbürtigkeit, erlangen.

Mit der Präsidentschaft Kennedys in Amerika und de Gaulles in Frankreich war Adenauers Politik an ihre Grenzen gelangt. Beide trachteten nach Beendigung des Kalten Krieges, Adenauer war als einflußnehmender Ratgeber in Washington nicht mehr willkommen, de Gaulle verwarf den Gedanken eines europäischen Bundesstaates zugunsten einer engen Allianz der kontinental-europäischen Regierungen. Des Kanzlers Versuche, sich den außenpolitischen Veränderungen noch anzupassen, blieben ohne Erfolg. Auch seiner Partei hatte die Herrschaft des starken Mannes lange genug gedauert, sie sah in ihm seit dem Ende der fünfziger Jahre ihre Zukunft nicht mehr. Mit der Frage nach seinem hohen Alter war er immer fertig geworden, hatte sie durch Tatkraft zum Verstummen gebracht oder mit historischen Vergleichen besänftigt, wenn ihm auch am Schluß nur noch der Hinweis auf Venedigs Dogen Enrico Dandolo übriggeblieben war, der noch als Neunzigjähriger Konstantinopel erobert hatte. Auf die Frage nach dem Fortgang seiner Politik gab es keine Antwort mehr.

Adenauer hinterläßt die Erinnerung an einen politischen Stil, der in Deutschland nicht heimisch war; bestimmt von Maß und Stetigkeit und ziviler Würde, ohne Pathos und Überschwang; an einen gravitätischen Charme und die Sitten eines bürgerlichen Zeitalters, dem der Kleinbürger noch nicht Vorbild war. Sein Erbe ist, so bündig wie richtig, die Bundesrepublik Deutschland. Die Frage, ob er ein großer Mann gewesen, mögen die Deutschen getrost beiseite lassen, sie drängt sich auch nicht auf, weil das Scheitern fehlt und keine tragischen Züge anhaften. Konrad Adenauer war, was große Männer selten sind, ein Glück für sein Vaterland.

Verweigerung und Wohlverhalten

In der Bundesrepublik wird gelegentlich von der Gefahr einer Polarisierung gesprochen, die unter parteipolitischem Vorzeichen die Bevölkerung in zwei verfeindete, ungefähr gleich starke Blöcke teilen könnte. Diese Gefahr besteht bei näherem Hinsehen aber nicht, hingegen gibt es die Gefahr einer anderen Polarisierung, von der niemand redet. Ich meine das Gegeneinander einer kleinen radikalen, extremistisch denkenden, terroristisch handelnden Minderheit und der großen Mehrzahl der aufrechten, fest, wenn nicht gar breitbeinig auf dem Boden des Grundgesetzes stehenden Staatsbürger, die sich selber und nicht ohne Recht als aufrechte Demokraten ansehen. Daß es kein Miteinander von Terroristen und Demokraten geben kann, ist gewiß selbstverständlich, und es liegt darin auch keine Gefahr der Polarisierung. Aber eine gefährliche Polarisierung hat insofern in den vergangenen Jahren begonnen, und wächst noch immer an, als die Denkweisen der beiden Gruppen, der überwältigenden Mehrheit von Demokraten und der Minderheit von Gegnern, weiter auseinanderfallen – die Radikalen werden radikaler, und die ordentlichen Staatsbürger werden noch ordentlicher. Es entwickelt sich ein Tatbestand, der Ausländern manchmal eher auffällt als uns selber: Wir sind eine wohlhabende und stabile Demokratie, in beiderlei Hinsicht vielleicht schon auf dem zweiten Platz in der Welt, aber zugleich eine Demokratie mit einem eigentümlichen Mangel an demokratischer Spontaneität, von einer gewissen Leblosigkeit

97

und Langeweile. Das soziale und politische Verhalten der Bevölkerung läßt sich kurzgefaßt nur als Wohlverhalten bezeichnen; diesem Wohlverhalten steht die Feindseligkeit der aus
Verfassung und Gesellschaft Ausgeschiedenen in einer terrori-
stischen Virulenz gegenüber, die in der übrigen zivilisierten
Welt kaum Parallelen hat – denn den nordirischen Bürgerkrieg
darf man zum Vergleich nicht heranziehen – und in der der
Wille zur Revolution mit der Sehnsucht nach der Barbarei in
eins zusammenfällt. Eine Verbindung übrigens, die in deutschen revolutionären Bewegungen vergangener Jahrhunderte
schon häufiger aufgetreten ist.

Natürlich ist eine Beseitigung der skizzierten Polarisierung
nicht in der Weise wünschenswert, daß die Bevölkerung radikal wird, anarchistische Instinkte zur Tat bringt und zu revol-
tieren anhebt. Aber der Kontrast etwa zwischen randalierenden
Studenten, die einen akademischen Lehrer am liebsten zugrunde richten möchten, und der Wohlanständigkeit eines
bürgerlich-demokratischen Publikums, das bei einer ihm
höchst mißfälligen Festrede des Friedenspreisträgers Max
Frisch, der als Dichter wahrlich bedeutender ist denn als Denker, nicht einmal zu murren wagt, ist so auffällig und für unsere Situation charakteristisch, daß ein näherer Blick auf diese
Situation ebenso lohnt wie die Überlegung, ob daran nicht in
einem unserer Demokratie bekömmlichen Sinn einiges zu än-
dern sei.

Historische Ursachen, die politische Struktur der Bundesrepublik selber, haben im Verein mit inneren Unruhen der vergangenen Jahre und einem nachlassenden Vertrauen auf die
Selbstverständlichkeit innerer Sicherheit zu einer demokratischen Selbstbeschränkung geführt, die praktisch den Radikalen
ein Monopol zum Widerspruch zugeschanzt hat. Der demokratische Staatsbürger möchte sich in den demokratischen Mu-
sterknaben verwandeln, der freilich in einer richtigen Demokratie gar keinen Platz hat. Er sieht sich gern als aufrechten

Demokraten, verhält sich aber eher wie ein untertäniger Demokrat, wird freilich bestärkt darin von einem Statswesen, das man ohne Bosheit und ohne an den freiheitlichen Zuständen der sozialen Gerechtigkeit und der Verfassungsmäßigkeit den geringsten Zweifel zu haben, als demokratischen Obrigkeitsstaat charakterisieren kann. Die Obrigkeit ist dem Begriff wie der Sache nach eine urdeutsche, eine altdeutsche Angelegenheit, die nicht einfach damit aufhört, daß eine auf Volkswahlen basierende Verfassung eingeführt wird, die Monarchie oder Diktatur abgeschafft werden und die gewählten demokratischen Machthaber besten Gewissens versichern, sie stellten nicht Obrigkeit dar und der von ihnen geleitete Staat sei kein Obrigkeitsstaat. Dem Wort Obrigkeit hat einst der Apostel Paulus seinen düsteren Rang gegeben: »Jedermann sei untertan der Obrigkeit, die Gewalt über ihn hat. Denn es ist keine Obrigkeit ohne Gott; wo aber Obrigkeit ist, die ist von Gott verordnet« (Röm. 13,1). Für die herrschenden Gewalten war es sehr nützlich, daß seit der Reformation sich der geistliche Sprachgebrauch im Volk festsetzte, sie und ihre Verwaltung mit dem Ausdruck Obrigkeit abstrahierend-unterschiedslos bezeichnete und schon durch die Benennung an die Christenpflicht des Gehorsams gemahnte; die Obrigkeit ist dadurch definiert, daß sie oben ist und die, die unten sind, ihrer Führung folgen müssen. Es ist eine deutsche Eigentümlichkeit, daß der Ausdruck »Obrigkeit« der Lutherbibel zugleich geläufiger Begriff der politischen Sprache ist; in der King-James-Übersetzung der Heiligen Schrift, die für das Englische fast ebenso bedeutend ist wie die Lutherbibel für das Deutsche, wird der griechische Ausdruck Pauli »exusiai« (Plural) mit »higher powers« wiedergegeben oder »the powers that be« – Wendungen, die nie als zusammenfassende Bezeichnung des Machthabers, der Behörden und Ämter in Gebrauch kamen; zudem steckt in »higher powers« und »powers that be« eine Relativierung, die der Obrigkeit fremd ist: Die Gewalten sind nicht als die schlechthin alleinigen und nicht als unwandelbar sprachlich statuiert. Die römische Vulgata spricht von »Potestas« und »Potestates sublimiores«. Auch diese Begriffe sind nicht in die Nationalsprachen katholischer Länder zur Bezeichnung von »Obrigkeit« eingegangen.

Die eingewurzelte Übung, Staat und Verwaltung als Obrigkeit zu sehen, hat auch auf vielfältige indirekte Weise in das Grundgesetz Eingang gefunden. Das Grundgesetz ist eine unzweifelhaft demokratische, in vielem vortreffliche und moderne und insgesamt höchst erfolgreiche Verfassung, aber es ist geprägt von einem Mißtrauen gegen das Volk und begünstigt keineswegs den Ausdruck demokratischer Spontaneität. Es ist nicht aus demokratischem Überschwang entstanden; kein kühner Wurf von Leuten, die nationalen Aufbruch planten, sondern der sorgfältig redigierte Text von Politikern und Gelehrten, die einhundertfünfzig Jahre Tradition geschriebener Verfassung berücksichtigen und insbesondere den Untergang der Weimarer Republik verwerten wollten – verwerten im Sinne von Lehre, die man aus einer Katastrophe zieht, um die nächste zu vermeiden. Deshalb die dem Grundgesetz innewohnende Tendenz gegen alles Plebiszitäre, das Mißtrauen gegen die unmittelbare politische Betätigung des Volkes, die sich in einer Demokratie in der Tat merkwürdig ausnimmt und die im Grunde auch auf einer Fehlinterpretation der Weimarer Geschichte beruhte; denn Hitler war ja gar nicht plebiszitär zur Macht gekommen, die Weimarer Republik war gar nicht an Volkswahlen des Präsidenten, an Volksentscheid und Volksbegehren gescheitert, sondern an der Funktionsunfähigkeit von Parlament und demokratischen Parteien. Das Grundgesetz baute, im Bruch mit der politischen Überlieferung des Kontinents, eine repräsentative Demokratie extremen Charakters auf, das Plebiszitäre ausdrücklich verwerfend. Der Bundespräsident wird nicht vom Volk gewählt, sondern von der Bundesversammlung, die wiederum nicht auf direkte Volkswahl zurückgeht. Der Bundeskanzler wird nicht vom Volk gewählt, sondern vom Bundestag, der in der Gesetzgebung seine Macht mit dem Bundesrat teilt, der von den Landesregierungen, nicht vom Volk beschickt wird; die Gesetzesbeschlüsse von Bundestag und Bundesrat unterliegen zudem noch der Kontrolle durch das Bundesverfassungsgericht, dessen demokratische Legitimation höchst theoretischer Natur ist.

Dieser Demokratie, die vor sich selber Angst hat und ihre Obrigkeiten vor dem Dämon des Volkswillens absichert, entspricht das politische Verhalten, wie es sich in den letzten Jahrzehnten herausgebildet hat. Der Bürger kann die Freiheiten, die ihm als Grundrechte garantiert sind, wahrnehmen; von dem gelegentlichen demokratischen Grundrecht, nämlich der Wahl, macht er einen besonders eindrucksvollen Gebrauch. Wir haben unter allen Staaten mit freier Wahl die höchste Wahlbeteiligung, ohne durch gesetzliche Wahlpflicht zum Urnengang angehalten zu sein. Diesen Tatbestand haben manche für ein Reifezeugnis der deutschen Demokratie gehalten, doch ist dies zweifelhaft. Zur demokratischen Reife gehört auch, daß man die Angebote der Parteien verschmäht, in bestimmten Fällen die Wahl zwischen Programmen und Personen als gleichgültig empfindet, und es mag die Vermutung erlaubt sein, daß die extrem hohen Wahlbeteiligungen weniger aus der Lust an der Freiheit, aus demokratischer Entscheidungsfreude stammen als aus der Empfindung der Pflicht – zu wählen ist demokratisch, wir wollen Demokraten sein, also wählen wir. Vor dem Wahltag werden wir auch von Amtspersonen zur Wahlbeteiligung aufgerufen, und nach der Wahl werden wir dafür gelobt. Wir, das Volk, begegnen auch denen, die doch bloß unsere Vertreter sein sollen, mit dem Respekt, wie er Autoritäten geschuldet wird; in den USA rangiert das Mitglied des Repräsentantenhauses auf der demoskopisch abgefragten Prestigeskala an letzter Stelle. Wir empfinden nichts dabei, daß die demokratischen Machthaber mit Privilegien ausgestattet sind, von der Immunität bis zur regelwidrig dahinbrausenden Wagenkolonne, und wir nehmen es hin, daß die Parteien uns in den Wahlkämpfen mit dem Geld der Steuerzahler agitieren. Die publizistischen Medien halten uns an, auch noch den bedeutungslosesten Äußerungen der Staatspersonen mit Aufmerksamkeit zu folgen. Und wir murren höchstens, wenn Reformen ins Werk gesetzt werden, gehe es um kommunale Fusionen, neue Schulformen oder um den Abtreibungsparagraphen, von denen nachzuweisen ist, daß die Mehrheit der Betroffenen sie nicht will.

Das sind nur Einzelbeispiele, Hinweise darauf, daß unsere funktionstüchtige Demokratie sich von oben wie von unten so zu stabilisieren, genauer gesagt verkrusten beginnt, daß für das demokratisch notwendige Mißtrauen gegen die Macht und die sie Ausübenden wenig Platz bleibt. Der Verfassungsbogen, das Ensemble der verfassungsmäßigen, im Parlament vertretenen Parteien, ist bei uns schon enger als anderswo und ist enger geworden mit den Jahren. Die Zahl der Parteien ist geschrumpft und die der politischen Exzentriker auch, die schon beinahe nicht mehr geduldet werden in den Parteien. Und da auch außerhalb des Parlaments sich die Vorstellung ausbreitet, eine Meinungsäußerung sei vielleicht doch nur wirklich legitim und demokratisch, wenn sie auch im Bundestag getan sein könnte, verengt sich der Horizont des Gesagten und des Gedachten allmählich. Es gibt die alte, wenngleich falsche These von der Demokratie als einer Identität von Regierenden und Regierten. Eine Übereinstimmung von Regierenden und Regierten als der zwischen demokratischer Obrigkeit und untertänigen Demokraten wäre eine höchst merkwürdige Weiterbildung des demokratischen Begriffs.

Man darf nicht glauben, daß die sich selbst beschränkende, die gebremste Demokratie und die Demokraten des Wohlverhaltens Systemstabilisierung und Zukunftssicherung verbürgen. Die Fragen, die aus vermeintlicher Staatsklugheit und

Verfassungstreue unterdrückt werden, stellen plötzlich andere, die mit dem bestehenden Staat und der geltenden Verfassung wenig im Sinn haben. Daß sich zuweilen ein lokales Interesse zu einer Bürgerinitiative formiert und gegen die mißliebige Entscheidung aufbegehrt, kann man als Element demokratischer Praxis registrieren, doch ändert dergleichen nicht viel, weil es um partikulare Zwecke geht. Was eine Demokratie braucht, die sich lebendig erhalten will und elastisch genug, Widerspenstige, Abseitige zu integrieren, ist etwas anderes: die Bereitschaft nämlich ihrer Bürger zu den kleinen Verweigerungen – damit die große Verweigerung, von der Herbert Marcuse schwärmte, keine Anhänger findet.

Konservatismus als Utopie

der Industriegesellschaft

Die industrielle Gesellschaft war von Anfang an eine solche, die keine andere Zukunft kannte als ihr eigenes Wachstum. Ihre Erwartung richtet sich auf das Weitergehen, auf Zuwachsraten des Bruttosozialprodukts, die Befriedigung vorhandener oder zu schaffender Bedürfnisse, auf Steigerungen, auf Ausdehnungen; ihr Fortschritt hat kein Ziel und kein Ende. In der Vorstellungswelt ihrer Anführer – zunächst der Fabrikanten-Eigentümer, heute überwiegend der Manager, die fremdes Kapital verwalten – erscheint ihre Entwicklung als prinzipiell kontinuierlich, die zwar Anpassungen erforderlich macht und ständiger Innovationen bedarf, zu der es eine Alternative aber nicht gibt. Rezessionen werden wahrgenommen als episodisch und vorübergehend. Eine Krise ist das, was überwunden werden muß, sei es durch manipulativen Aktivismus in Zusammenarbeit mit der politischen Gewalt oder durch Stillhalten und Abwarten, was als Konsolidierungsphase in die Kurve des stetigen Auf- und Vorwärts eingegliedert wird.

Die Industriegesellschaft kennt nur innerweltliche Hoffnung und legitimiert sich durch nichts anderes als ihr Funktionieren. Das begründet ihr immer noch wachsendes Prestige bei jenen Völkern, die nicht dazugehören, aber eine im übrigen schwindende Appetenz in ihren Ursprungsländern. Der Versuch, sie in überlieferte Heilsgeschichte einzubetten, mag noch in einzelnen Seelen unternommen werden, eine soziale Relevanz kann ihm nicht zuwachsen, weil ein Endzustand in ihr nicht denkbar ist und sie die Erlösungsbedürftigkeit der Menschheit dementiert. Die »invisible hand« bei Adam Smith ist nicht die des allmächtigen Gottes. Überflüssig zu bemerken, daß die Industriegesellschaften keine Legitimitätsprinzipien im Rückgriff auf die berühmten Texte der Vergangenheit gewinnen können, die, in stationären Gesellschaften entworfen, entwicklungsfremde Utopien anbieten und schon zur eigenen Zeit kaum außerliterarische Wirkung hatten.

Das marxistische Modell, das von der industriellen Gesellschaft ausgeht und ihr ein Ethos geben wollte, weil es im Gang der Geschichte die ihr innewohnende Entfremdung des Menschen aufzuheben und den Staat abzuschaffen versprach, hat seinen Wert behalten als kritische Instanz und hat zu ständigen systemimmanenten Verbesserungen und der Stabilisierung insbesondere der kapitalistischen Industriegesellschaft beigetragen. Seine Verheißungen hat es aber auch in mehr als hundert Jahren nicht eingelöst, sondern sie gerade in den Gebieten seiner offiziellen Herrschaft desavouiert. Nicht zufällig befinden sich die Kultstätten, in denen das marxistische Ende der Geschichte noch geglaubt und zelebriert wird, außerhalb des kommunistischen Territoriums, während in den kommunistischen Industriegesellschaften die marxistische Theorie nur noch die politische Gewalt über die Gesellschaft begründet, aber, wenn sie im gesellschaftlichen Prozeß ernst genommen würde, vornehmlich als sachfremd-störende Intervention erscheinen müßte.

Es besteht ein Vakuum an Sinngebung dessen, was sich in der Industriegesellschaft vollzieht. Das Vakuum wird am deutlichsten dort wahrgenommen, wo die alten Institutionen abgedankt haben, die vordem der Gesellschaft Formen gaben und ein Ethos bereithielten, beispielsweise Armee, Kirche, Justiz. – Die Industriegesellschaft fordert Leistungen und bietet Konsum, beides mag Befriedigungen enthalten, aber gewiß keine

Moral. Eine Gesellschaft, die ständig Veränderungen produziert, ohne sich ein Ziel setzen zu können, entwickelt einen Hang zum Konservativen und sehnt sich, auf den Straßen des Fortschritts weitertrabend, nach Beständigkeit, nach Seßhaftigkeit; und möchte festhalten, was doch unvermeidlich entgleitet.

Dieser Konservatismus hat wenig gemein mit dem des neunzehnten Jahrhunderts, der als Parallelaktion zur Französischen Revolution und ideologisches Dach der Restauration nicht nur die große Prosa Burkes, Bonalds, de Maistres hervorbrachte, nicht nur im Ungefähren wußte, was er konservieren wollte, sondern auch über einen Begriff vom Menschen verfügte, dem ein bestimmtes Staatsideal entsprach. Das war der Mensch der Erbsünde, bedürftig der Rechtsordnung nach der dunklen Wendung des Apostels Paulus, um den jederzeit möglichen Untergang aufzuhalten, und vor allem bedürftig der Staatsgewalt, die ihn zu zähmen hatte. Nichts davon, außer rhetorischen Rückfällen, ist dem heutigen Neo- oder Pseudokonservatismus geblieben.

Dem Konservatismus der Industriegesellschaft als Grundüberzeugung der sie tragenden Schicht liegt eine echte Utopie zugrunde, nämlich ein Nirgendwo und Nirgendwann. Er inspiriert sich nicht im Rückblick auf ein Goldenes Zeitalter und nicht im Blick auf eine Zukunft, welche die Dinge so wiederherstellt, wie sie sein sollten; er erschöpft sich in Verbrämung der Gegenwart.

Diese Gegenwart wird mit alten Werten versetzt. Es findet eine Tugendpflege statt als Prothese eines Ethos, das der Gesellschaft fehlt. Dabei geht es um vorindustrielle Tugenden, die sich der industriellen Gegenwart nur mühsam einpassen lassen. Fleiß wird beispielhaft vorgelebt, der Arbeit ein Eigenwert zugeschrieben, obgleich die eigentlich industriellen Abläufe das notwendige Maß technisch erzwingen; Sparsamkeit wird nach dem Vorbild der Ameise in der Fabel La Fontaines unverdrossen eingeschärft und damit zyklusgerechtes Verhalten der Bevölkerung unmöglich gemacht; die Treue zum Betrieb wird belobigt und mit staatlichen Orden belohnt, während gleichzeitig die Arbeitsvermittlung den Immobilismus der Arbeitnehmer bejammert.

Das konservative Ethos der Industriegesellschaft verlangt Askese an der Spitze. Wer sich durch auffälligen Konsum, gesuchte Kostbarkeiten der persönlichen Lebensführung hervortut, annonciert eben damit, daß er nicht zu den wahren Leistungsträgern gehört. Man könnte sagen, wer viel hat, wird Sybarit; wer alles hat, wird Asket. Doch trifft dies den gemeinten Sachverhalt so wenig wie Max Webers These von der innerweltlichen Askese als einer Bedingung der Entstehung des (protestantischen) Kapitalismus. Denn außerhalb und unterhalb der obersten Leistungsebene wird allem Predigen von Sparsamkeit zum Trotz der ostentative Lebensgenuß geduldet, auch bei den »Aufsteigern«, die zur höchsten Ebene streben. Leistungen der Überflußindustrie, die zum Bestand der Industriegesellschaft wenig beitragen, fallen aus dem Schema des Askese-Erfordernisses völlig heraus: Stars der Popmusik, des Films und des Fernsehens werden höher entlohnt als die Chefs größter Unternehmen, und doch gilt ihnen keinerlei sozialer Neid. Es gibt gewissermaßen Reservate innerhalb der Industriegesellschaft, zu denen auch die Inseln des Parasitären gehören: für Intellektuelle, Künstler, privilegierte Jugend. Der Konservatismus der Industriegesellschaft kommt auch der Pflege einer Landwirtschaft zustatten, die zu erhalten zwar ohnedies im politischen Interesse liegt, die aber doch nach den freihändlerischen Gesetzen der Industriegesellschaft so überflüssig ist wie der durch ihre Sozialfunktion nicht mehr gedeckte öffentliche Status der Kirche übertrieben.

Die Hauptformel dieses Konservatismus heißt Stabilität. Die Hochkonjunktur läßt Reformen zu, die Rezession begünstigt die Innovation, doch hat all dies nur ein Recht, solange nicht

Stabilität gefährdet wird als Inbegriff eines Status quo, der seine Wandlungen darum so gut verarbeitet, weil er sie nicht wahrhaben will. Die Mark ist so stabil wie das Parteiensystem; nur die Renten dürfen dynamisch sein. Das allgegenwärtige Stichwort Stabilität, auf das alle Institutionen festgelegt sind, die öffentlichen Zuspruch brauchen, drückt aber nicht nur konservative Forderung aus oder Beschreibung des faktischen Zustands der Republik, sondern die Angst vor Veränderungen, die sich außerhalb der in der Industriegesellschaft vorgesehenen und vorhersehbaren Veränderungen vollziehen. Bei aller Schwäche im übrigen hat der Pseudo-Konservatismus auch eine Schwäche, die eine Stärke bedeutet – auch im Verhältnis zu den mit ihm vermischt oder sektenhaft abgetrennt umlaufenden Gesinnungen liberaler oder sozialistischer Herkunft: die Stärke nämlich, eine Gefahr oder einen Feind noch wahrzunehmen und Angst zu mobilisieren. Die Angst, die objektive oder subjektive Gefährdung und die allgemeine Mobilmachung dagegen geben der Industriegesellschaft Identität und Zusammenhalt, die sie ohne ihren Konservatismus nicht hätte. Ihre Feinde eigenhändig zu bekämpfen, fällt der Industriegesellschaft übrigens schwer, ihr Konservatismus bringt es nur zum Feldgeschrei.

Der Konservatismus der Industriegesellschaft ist wie der der Restauration defensiv – wieder eine eigentümlich umgedrehte Parallelaktion zum unaufhaltsamen Vordringen der Industriegesellschaft selbst. Das zeigt sich auch darin, daß dieser Konservatismus die wachsende Angst der Menschheit vor der Technik und ihrem Fortschritt aufnimmt und in seinem Programm verwertet – je entwickelter eine Industriegesellschaft ist, desto selbstverständlicher kupiert sie ihre Entwicklungen unter dem Gesichtspunkt von Bedrohung und Gefahr. Die Kassandra ist Mitglied ihres Ensembles, ihr Ruf ist Teil ihrer konzertierten Aktionen.

Der Konservatismus ist der Gemeinplatz, auf dem sich alle

Teilnehmer der Industriegesellschaft versammeln, auch die Gewerkschaften, denen es längst um Mitbestimmung und Teilhabe am Status quo geht, nicht um seine Aufhebung. Das verlogene Wort Sozialpartner drückt insofern eine Wahrheit aus, selbst wenn die Partner von ihr nichts wissen wollen. Die Mitbestimmung institutionalisiert längst eingeübtes Verhalten auch der Unternehmer: Vor die Alternative gestellt, zwischen den Interessen ihrer Mitarbeiter (und der Gewerkschaften) einerseits und denen der Anteilseigner andererseits wählen zu müssen, pflegen sich deutsche Großunternehmungen seit vielen Jahren für erstere zu entscheiden.

Der Konservatismus als Philosophie der Stabilität eines sich in Wahrheit ständig entwickelnden Status quo entzieht sich der herkömmlichen Klassifikation in rechts und links. Wenn links der Affekt gegen die Realität ist und rechts gleichfalls, nur mit anderem Ziel und aus anderen Motiven, dann ist konservativ nicht einfach die Bejahung der Realität, sondern der Affekt gegen den Mangel an Applaus für sie, gegen die Undankbarkeit der Welt angesichts der Vortrefflichkeit und der Leistung der Industriegesellschaft. Kein Mensch, und schon gar kein Deutscher, ist mit dem Lauf der Dinge zufrieden; konservativ ist diejenige Unzufriedenheit mit dem Bestehenden, die sich ein gutes Gewissen macht.

Der Friede als westdeutsches Thema
oder der quartäre Sektor

Eine alte Schulweisheit, die noch vor einigen Jahrzehnten jedem Gymnasiasten eingebleut wurde, sofern er Griechisch zu lernen hatte: »Der Krieg ist der Vater aller Dinge«. Man könnte das Heraklit zugeschriebene Wort auch zurückhaltender übersetzen: »Der Streit ist der Vater aller Dinge«. Dieser Satz gehört zu den bedeutenden Dichter- und Denkerworten (denen man auch Hölderlins Bemerkung anfügen könnte: »Versöhnung ist mitten im Streit«), die vorzüglich klingen und über die sich eindrucksvolle Schulaufsätze schreiben lassen, die nur den Nachteil haben, daß sie nicht zutreffen. Denn weder findet Versöhnung oft mitten im Streit statt, noch kann man ernsthaft behaupten, daß der Streit der Vater aller Dinge, insbesondere auch des Friedens sei; der Frieden entsteht zuweilen nach Krieg und Sieg, hat aber auch, ohne Krieg, die Chance der Vernunft.

Seit einigen Jahren ist das merkwürdige Phänomen in der deutschen Öffentlichkeit wahrzunehmen, daß es eine sehr rührige und lautstarke Bewegung gibt, die das Stichwort »Frieden« auf ihre Fahnen geschrieben hat, sich aber selber mit Aggressivität zur Geltung bringt. Wie eigentlich ist diese Friedensbewegung, über die es bisher wenig solide Literatur gibt, zu klassifizieren? Wie kann man sie zutreffend beschreiben? Am besten wohl, wenn man zunächst festhält, was diese Friedensbewegung nicht ist: Sie hat weder etwas gemein mit dem klassischen Pazifismus, wie er sich etwa ausdrückt in den Schriften Bertha von Suttners, die 1905 den Friedensnobelpreis besonders für ihr Buch »Die Waffen nieder!« erhalten hat, noch mit dem Antimilitarismus der deutschen und der internationalen Arbeiterbewegung des 19. und des beginnenden 20. Jahrhunderts. Warum aber hat die heutige Friedensbewegung mit diesem klassischen Pazifismus ebenso wenig gemein wie mit dem religiösen Pazifismus der Quäker, der Mennoniten oder der Zeugen Jehovas? Weil der klassische Pazifismus der auf ethischen Postulaten basierenden Grundanschauung folgt, man könne die Welt zum Besseren verändern, wenn die Menschen prinzipiell auf die Anwendung von Gewalt verzichteten. Das ist echter Pazifismus, den man als klare, von Unbedingtheit geprägte Gewissensentscheidung zu respektieren hat. Bei der neuen Friedensbewegung handelt es sich aber um etwas ganz anderes. Dort findet eine Auswahl statt, wo und wann wem gegenüber Frieden praktiziert werden soll – und wann und wem gegenüber man sich aggressiv als »Friedenskämpfer« zu verhalten hat, wie die charakteristische Vokabel lautet. Das drückt sich beispielsweise in der selektiven Praxis gegenüber aktuellen Konfliktherden aus. Die Friedensbewegung hat keine Schwierigkeiten, sich mit einer der Bürgerkriegsparteien in El Salvador zu identifizieren und für sie zu demonstrieren. Sie hatte auf der anderen Seite aber größte Scheu, sich etwa in dem innerpolnischen Konflikt zwischen der Gewerkschaft Solidarität und dem kommunistischen Regime zu engagieren. Auch zu einer Konfrontation wie der zwischen Argentinien und Großbritannien um die Falklandinseln war seinerzeit von seiten der deutschen Friedensbewegung nichts zu vernehmen. Den Friedenskämpfern fehlten in diesem Feld die politischen Orientierungspunkte, die ihnen eine Äußerung gestattet hätten. Ähnliches gilt für die Nahostkrise. Auch dort gibt es keine erkennbar klare Politik der deutschen Friedensbewegung; es sei denn, daß sie eher dazu neigt, israelische Verhaltensweisen zu kritisieren als beispielsweise die der palästinensischen Gruppen.

Schon aus dieser selektiven Praxis geht hervor, daß die neue Friedensbewegung mit den alten Pazifismusbestrebungen sehr wenig zu tun hat. Generell gilt für sie, daß sie über keine konkrete politische Ordnungsvorstellung verfügt, also eine Idee davon, wie eigentlich die internationale Politik geordnet werden könnte. Sie hat auch kein positiv wahrnehmbares politisches Programm, und sie hat vor allem kein Verständnis dafür, daß Friede immer nur zustande kommt als ein Kunstwerk von Politikern und Diplomaten; vielmehr vertraut sie in einer gewissen naiven Weise darauf, daß Frieden eine Parole des Aufstandes gegen bestehende Ordnungen sei. Gelegentlich gewinnt man den Eindruck, als sei das Stichwort Friede – emotional aufgeladen, wie es vorgetragen wird – nichts anderes als ein Teil einer umfassenden Zivilisationskritik. Dazu paßt auch, daß der gleiche Personenkreis sich mit gleichem Engagement zu gänzlich anderen Themen, etwa solchen des Umweltschutzes, zu äußern vermag.

Schließlich sei die These erlaubt, daß die Friedensbewegung nicht primär Kriegsdienstverweigerer organisiert, sondern Dienstverweigerer allgemein, nämlich Personen, die aus einem leistungsbezogenen gesellschaftlichen Umfeld aussteigen wollen. Als emotionale Basis der Friedensbewegung ist relativ leicht eine Grundbefindlichkeit von Angst auszumachen. Eine Angst, die überhaupt in der Bundesrepublik in den letzten Jahren zu einer Art Heim-Industrie geworden ist, die ganze kleine Industriezweige ernährt. Die Angst vor der chemischen Verseuchung der Nahrungsmittel führt zum Auftreten neuer Bioläden. Wer die in Legebatterien erzeugten Hühnereier nicht essen mag, geht in einen solchen Laden und kauft für einen wesentlich höheren Preis Eier von Freilandhühnern, um dann später in der Zeitung lesen zu müssen, daß der Cadmiumgehalt in den Eiern von Freilandhühnern wesentlich höher ist als in denen, die von den armen Hühnern in Legebatterien stammen. Das Beispiel sei hier nur erwähnt, weil die Angst zu den Motiven einer ganz bestimmten Schicht der Bevölkerung gehört, über die später zur näheren Kennzeichnung noch etwas gesagt werden soll.

Und es wird die Friedensbewegung nicht nur von Angst angetrieben, sondern in ihren radikalen Elementen auch von einer radikalen Hoffnung: der Hoffnung nämlich, einen endgültigen Frieden für alle durch einen Weltbürgerkrieg herstellen zu können. Dahinter steht die schon von Karl Marx gepflegte Utopie der Emanzipation von Herrschaft überhaupt. Und von daher rührt wahrscheinlich auch der antiamerikanische Duktus, den die Friedensbewegung hat. Die USA gelten im Weltbild insbesondere mancher junger Menschen als diejenige Macht, die für politische Herrschaft steht. Die Macht der Sowjetunion wird dagegen nicht bewußt wahrgenommen, die Macht der Bundesregierung auch kaum – mit Recht gewiß –, und auch andere Herrschaftsstrukturen treten nicht so deutlich hervor wie die weltpolitische Präsenz der Vereinigten Staaten. Kein Wunder also, daß eine sich auf endzeitliche Hoffnungen hin stilisierende Bewegung einen antiamerikanischen Affekt entwickelt, wenn es darum geht, Herrschaft von Menschen über Menschen überhaupt zu beseitigen.

Wie aber ist demgegenüber die friedenspolitische Lage, das heißt: von welchem objektiven Tatbestand kann man eigentlich ausgehen, wenn man den seit Jahren stattfindenden Streit um den Frieden beurteilen will? Natürlich ist zuzugeben, daß es seit einer Reihe von Jahrzehnten auf unserer Erde keinen Frieden im klassischen Sinne mehr gibt; es gibt weder Kriegserklärungen noch Friedensschlüsse. Auch die Bundesrepublik (oder das Deutsche Reich) haben nach dem Zweiten Weltkrieg keinen einzigen Friedensvertrag abgeschlossen, sondern der Zweite Weltkrieg ist mit Hilfe anderer Instrumentarien beendet worden. Es gibt zwar partikuläre, regionale Friedensinseln, die in sich als Friedensinstrumente sehr gut funktionieren, aber eine Weltfriedensordnung existiert nicht.

Eine dieser Inseln des Friedens ist die Europäische Gemeinschaft (EG), die selbstverständlich Ausdruck der Tatsache ist, daß innerhalb Westeuropas keine kriegsfähigen Konfliktstoffe mehr vorhanden sind. Das gleiche gilt seit langem für Nordamerika – nicht für Mittelamerika –, und es gilt für Fernost, von Korea über Japan bis Australien und Neuseeland. Das sind effektiv Inseln des Friedens, die unter sich noch einen klassischen Friedensbegriff praktizieren können. Es gibt aber auf der anderen Seite auch bei denjenigen großen Interessengegensätzen, die die internationale Politik bestimmen und aufteilen, nämlich bei den Großmächten des Ostens und des Westens, derzeit keinerlei aktuelles Interesse am Krieg; es ist auch nicht zu sehen, woher es kommen sollte.

Zwar ist vor allem aus Anlaß des Afghanistan-Einmarsches der Sowjets Ende 1979 die Theorie wieder aufgetreten, es könne zu Ablenkungskriegen kommen, wenn ein Land wegen seiner inneren Schwierigkeiten expansionistisch nach außen aktiv wird – und zweifellos hat die Sowjetunion seit langem beträchtliche innere Schwierigkeiten. Gleichwohl ist die Vermutung ganz unbegründet, daß hier die Motivation für die eine oder für die andere weltpolitische Krise liegen könnte. Aus der Geschichte weiß man, daß nur von relativ schwachen Regierungen und bei relativ schwachen inneren Unruhen ein solcher Ausweg gewählt wird. Napoleon III. neigte in der zweiten Hälfte des vorigen Jahrhunderts zu einer abenteuerlichen Außenpolitik, um vom Nichtfunktionieren seines Herrschaftssystems im Inneren abzulenken. Es kann aber keineswegs wahrgenommen werden, daß die Vereinigten Staaten oder die Sowjetunion sich aus solchen Motiven auf atomare Abenteuer einzulassen geneigt sind.

Auch der Gedanke, die Sowjetunion könnte sich zur Sicherung ihrer eigenen Energiebasis in kriegerische Verwicklungen mit der westlichen Weltmacht einlassen, erscheint ganz unbegründet. Das Prinzip der auswärtigen Politik der Sowjets ist, soweit man die sowjetische Außenpolitik überhaupt analysieren kann, immer dies gewesen: Man will zwar siegen, aber ohne Krieg. Wenn schon Kriege stattfinden müssen, dann sollen es Kriege sein, die durch Stellvertreter geführt werden – erinnert sei an Kuba, Angola, Vietnam. Und von den USA weiß man ohnedies, daß sie aus Prinzip auf eine defensive Militärstrategie festgelegt sind. Mindestens gilt das seit dem Ende der Präsidentschaft Theodore Roosevelts, der seinerzeit gegen Spanien aggressiv vorgegangen ist – mit dem guten antikolonialistischen Gewissen, das die Amerikaner damals für sich noch reklamieren konnten.

Auch die häufig zu hörende These, die gegenseitige Hochrüstung führe irgendwann automatisch zum Krieg, scheint schwach begründet zu sein. Denn wenn man sich die Frage stellt, wieso soll eigentlich Kriegsgefahr am Ende des zweiten christlichen Jahrtausends durch das Wettrüsten der beiden Supermächte entstehen, obwohl doch diese Rüstungen praktisch seit dem Beginn des Kalten Krieges, also seit Trumans Entscheidungen um das Jahr 1948, betrieben werden und die Sowjetunion schon seit den frühen fünfziger Jahren über operable Atomwaffen verfügt, so findet sich kein einleuchtender Grund für die Schlußfolgerung, die Kriegsgefahr sei in den letzten Jahren angestiegen. Verfolgt man die Entstehungsgeschichte der beiden Weltkriege, so zeigt sich, daß das *Für-unvermeidlich-Halten* von Kriegen die Tendenz hat, eine Kriegsbereitschaft stark zu fördern. Aber auch von einem solchen Für-unvermeidlich-Halten kann weder bei den Völkern die Rede sein, die spätestens seit 1918 für keinen Krieg mehr zu begeistern sind, noch etwa bei den verantwortlichen Staatsmännern, die die beiden Supermächte leiten.

Nun gibt es eine Reihe von Hypothesen, die in verschiedener Weise die Gefahren des Kriegsrisikos abschätzen. Die erste Hypothese besagt, daß die kontrollierte Aufrüstung relativ viel Sicherheit biete, und zwar deswegen, weil die Rüstungen in Ost und West nicht nur aufgrund der Abkommen, die abgeschlossen wurden und noch abgeschlossen werden, sondern wegen der vorhandenen technischen Informationsquellen leicht zu kontrollieren seien – so daß die CIA auf der einen und der KGB auf der anderen Seite immer verhältnismäßig gut unterrichtet seien, über welches Arsenal und welche operative Planung die andere Seite verfügt. Das bringe ein Element der Sicherheit.

Die zweite Hypothese meint, eine unkontrollierbare Abrüstung biete weniger Sicherheit, weil niemand genau wisse, welcher der Antipoden noch irgendwo etwas versteckt halte, solange nämlich nicht die direkte Inspektion erlaubt werde (die bisher nur sehr bedingt funktioniert).

Die dritte Hypothese lautet, das militärische Gleichgewicht zwischen West und Ost garantiere keineswegs automatisch friedliche Stabilität und könne sogar eine politisch-militärische Labilität hervorbringen oder aufrechterhalten.

Eine vierte Hypothese schließlich, die insbesondere von dem amerikanischen Zukunftsforscher Hermann Kahn entwickelt worden ist, geht dahin, daß die Welt einer Periode zunehmender Friedenssicherheit entgegensehe, der freilich noch eine gewisse Periode der Labilität vorgeschaltet sei, die bis Mitte der neunziger Jahre reichen dürfte. Ab dem Jahre 2000 aber soll es dann eine ganze Anzahl von atomaren Machtzentren geben, die – auch im Verhältnis zu den Supermächten – über genügend Abschreckungsgewalt verfügen, um für eine effektive Selbstverteidigung gewappnet zu sein. Neben den bisherigen Atommächten USA, Sowjetunion, Frankreich, Großbritannien und China zählt Kahn dazu Indien, Pakistan, Südafrika und sogar die Bundesrepublik Deutschland. Er hat dabei übersehen, daß die Bundesrepublik dem Nichtverbreitungsvertrag für Atomwaffen beigetreten ist und auf ihrem Territorium weder Atomwaffen unter eigener Kontrolle lagern noch herstellen darf. Indessen wird man nur bei völliger Phantasielosigkeit ausschließen, daß unter Umständen Zwänge entstehen können, die die Bundesrepublik Deutschland zum Austritt aus diesem Vertragswerk veranlassen könnten. Diese vierte Hypothese, die sich auf eindrucksvolle Untersuchungen stützt, proklamiert die Wahrscheinlichkeit, daß durch das Entstehen mehrerer neuer atomarer Machtzentren der Frieden sicherer werde, als er es im gegenwärtigen atomaren Zweiersystem mit der Möglichkeit nicht-nuklearer Regionalkriege ist.

Unerläßlich für das Verstehen der Friedensbewegung und der mit ihr sympathisierenden Gruppen und Grüppchen ist die Kenntnis ihrer psychischen Verfassung. Das plötzliche Auftreten der Friedensbewegung vor einigen Jahren kann nicht durch eine anwachsende Kriegsgefahr begreiflich gemacht werden, denn wenn man die Geschichte der letzten Jahrzehnte überdenkt, wird man leicht feststellen, daß sich Deutschland und das freie Europa in einer ganz außerordentlich und atypisch langen Friedenszeit befinden. Zwar gab es nach dem Ende der Napoleonischen Kriege 1815 für Mitteleuropa eine Friedensperiode, die bis 1853, bis zum Beginn des Krimkrieges, reichte. Aber die knapp vierzig Jahre äußeren Friedens waren angefüllt von zahlreichen und heftigen inneren Unruhen, aus denen vor allem die Julirevolution von 1830 und die Revolution von 1848/49 hervorragen.

1864 fand der Krieg Preußens und Österreichs gegen Dänemark statt, dem 1866 der preußisch-österreichische Konflikt folgte. Nach dem deutsch-französischen Krieg von 1870/71 folgte dann dank Bismarcks Staatskunst wieder eine stabile Phase der europäischen Politik, die bis 1914 währte – aber nur innerhalb Europas; denn alle europäischen Mächte von Bedeutung haben diese Friedenszeit zu kolonialen Eroberungen benutzt, das Deutsche Reich nicht ausgenommen.

Zugleich war diese Zeit zwischen Sedan und Sarajewo in Europa eine Epoche des Anarchismus und des Terrorismus, der fast so viele Opfer – und zwar besonders prominente – gefordert hat wie der heutige Terrorismus. Die Machthaber von damals verfügten nicht über die superben Techniken des Selbstschutzes wie die heutigen. Die modernen demokratischen Staatspersonen kennen ihr diffiziles Verhältnis zum Volk besser als ehedem die Kaiser und Könige, die sich unter dem Schutz des Allmächtigen glaubten. Die heutigen Machthaber gehen von dieser Voraussetzung nicht mehr aus und umgeben sich vorsichtshalber mit Abordnungen der Sicherungsgruppe des Bundeskriminalamtes oder vergleichbarer Schutztruppen.

Die kurze Periode von 1918 bis 1939 zwischen den beiden Weltkriegen war dann schon wieder eine Periode der Kriege und militärischen Konflikte. Erinnert sei an den polnisch-russischen Krieg von 1920, an den griechisch-türkischen Krieg von 1920 bis 1922 und die Massenumsiedlung der Griechen aus der Türkei in das griechische Mutterland, an den Bürgerkrieg in Spanien, an den langjährigen Kriegszustand zwischen Japan und China und seine bedeutenden Rückwirkungen auf Europa, an die blutigen Auseinandersetzungen zwischen Linken und Rechten in Wien 1934 und die Okkupation Österreichs durch Hitler 1938, an die Staatsstreiche in Polen, Lettland, Jugoslawien und anderen Balkanländern, an die Eroberung des italienischen Staates durch die Faschisten 1921, von den deutschen Umwälzungen ganz zu schweigen.

Seit dem Ende des Zweiten Weltkrieges allerdings haben wir eine Friedensperiode, wie sie Europa noch nie erlebt hat. Freilich war auch diese Zeit äußeren Friedens begleitet von beträchtlichen inneren Unruhen. Zunächst rebellierten im Ostblock die Völker gegen die kommunistischen Diktatoren: in der DDR, in Polen, in Ungarn, in der Tschechoslowakei. Danach, als die Zeit des erfolgreichen Wiederaufbaus zu Ende ging, der in Westeuropa jahrelang die Energien gebunden hatte, begann auch in der Bundesrepublik die Periode innerer Unzufriedenheit, die sich in öffentlichen und gewalttätigen

Demonstrationen Luft machte. Die Unruhen, die 1968 in Frankreich dem Abschied des Präsidenten de Gaulle vorausgingen, brachten auch in der Bundesrepublik eine außerparlamentarische Opposition hervor und begünstigten das Entstehen eines Terrorismus, den es in abgeschwächter Form bis heute gibt. Parallel dazu laufen die Unruhen, die auf autonomistische und regionalistische Tendenzen in Frankreich, vor allem aber in Spanien zurückgehen. Der Bürgerkrieg in Nordirland hat verwandte Ursachen. Wenn man daher feststellt, daß Europa eine ungewöhnlich lange Friedenszeit erlebt, so trifft das nur für den äußeren Frieden zu. Von einem durchgängigen inneren Frieden kann nicht die Rede sein.

Ein Chronist europäischer Zustände muß heute eine Stabilisierung des äußeren Friedens zwischen West und Ost, vermutlich dank der Allzerstörungsgewalt der atomaren Waffen, konstatieren; einer atomaren Stabilisierungskraft, die gerne übersehen wird, weil das große Publikum gebannt auf die Zerstörungskraft der Atomenergie starrt. Diese Zerstörungskraft ist nach dem Zweiten Weltkrieg niemals eingesetzt worden, wohl aber die Abschreckungsgewalt, die sich dahinter verbirgt und die offensichtlich in den vergangenen Jahrzehnten funktioniert hat.

Zudem ist als Folge dieser Lage etwas entstanden, das man als Internalisierung der Aggressivität definieren kann. Gemeint ist: In jeder Gesellschaft, in jedem Volk gibt es ein Element der Aggressivität, das sich auch sozialpsychologisch bestimmten Lebensaltern zuordnen läßt. In früheren Zeiten konnte diese Aggressivität ausgelebt werden; man wurde Abenteurer, man hatte Möglichkeiten, eine Lebensverwirklichung anzustreben, im Zuge derer auch das sozial akzeptierte Ausleben eines »Sturms und Drangs« möglich war. Damit ist es vorbei, seit die Kriege gebannt sind und zwischen den Blöcken ein langer äußerer Friede besteht. Kein junger Mensch von heute, der etwas erleben will, kommt noch auf die Idee, sich der Fremdenlegion zu verschreiben wie einst Ernst Jünger kurz vor dem

Ersten Weltkrieg. Denn was passiert ihm, wenn er der Legion beitritt? Er wird nicht etwa in der Sahara eingesetzt, wo sich Aufregendes erleben ließe, sondern er kommt in eine Marseiller Kaserne. Dann kann er in der Tat auch gleich seiner Wehrpflicht in Backnang oder Oldenburg genügen.

Die Möglichkeiten für junge Leute, Aggressivitäten auszuleben, sind radikal beschnitten, was auch durch die gesellschaftliche Verfassung erzwungen wird. Der Herzog von Edinburgh hat einmal gesagt, es fehle nicht viel in den hochorganisierten westlichen Staaten, daß man zum Atmen einen Erlaubnisschein benötige. In einer Situation, da man keine Straße mehr ohne Grünsignal überqueren darf, wird zugleich alles mögliche freigegeben, etwa die Pornographie und sexuelle Libertinage. Aber eines ist gleichsam sozial nicht mehr möglich: das Abenteuer, die freie Verwirklichung eines außerordentlichen Lebenslaufes. Auch früher ist es natürlich nur in Ausnahmefällen geschehen, daß jemand Eroberer, Entdecker, ein bedeutender Seemann oder dergleichen wurde, doch konnte man sich virtuell austoben; in Zukunft geht den Träumen der Stoff aus. Die Passivität des Abenteurers vor dem Fernsehschirm kann Aggressivität überhaupt nicht absaugen, sondern hat eher die Wirkung, sie als Ressentiment zu verstärken.

Der Verlust an Zukunft und an Geschichte, das Festschreiben eines Status quo, das Verbieten von Abenteuern, die bisher erlaubt waren, führen also dazu, daß sich in den westlichen Industriegesellschaften geballte Ladungen von Aggressivität, von Konflikt- und Kampfbereitschaft ansammeln, mit denen diese Gesellschaften nichts anzufangen wissen. Bisher ist keiner Regierung zu diesem Tatbestand etwas eingefallen. Die Probleme, die Krieg oder Kriegsgefahr aufwerfen, werden in vielen Gremien und allen Generalstäben sorgfältig analysiert; die Probleme aber, die ein ewiger Friede für die gesellschaftliche Verfassung stellt, werden nirgendwo wahrgenommen und behandelt.

In der Bundesrepublik Deutschland werden diese Fragen besonders kompliziert durch das, was man den *quartären Sektor* nennen kann. Jeder weiß, was mit dem ersten, dem zweiten und dem tertiären Sektor gemeint ist. Um aber der gesellschaftlichen Realität in der Bundesrepublik gerecht zu werden, sollte der große Bereich des tertiären Sektors, der Dienstleistungsgewerbe also, unterteilt werden in einen Sektor, dem alle sozial notwendigen und nützlichen Dienstleistungen zugehören, und einen quartären Sektor, dem diejenigen Dienstleistungen zuzurechnen wären, nach denen auf dem Markt keine Nachfrage besteht, die aber gleichwohl von der Gesellschaft bezahlt werden. Man denke dabei beispielsweise an das Übermaß von neueren akademischen Disziplinen, für deren Absolventen es Unterbringungsmöglichkeiten in produktiven Berufen gar nicht gibt und gar nicht geben kann und die funktionslos, doch vom Staat alimentiert, durch die Gesellschaft wandern; heute gehören auch manche Theologen dazu. Ein gewisser Teil jener Studenten, die das 15. Semester hinter sich gebracht haben und zum dritten Wahlstudium übergegangen sind, rechnet sich gleichfalls hinein. Diese Gruppen bilden den quartären Sektor, der durch den Bildungsreform-Enthusiasmus vergangener Jahre zahlenmäßig sehr verstärkt wurde, nun ein beträchtliches Aggressionspotential beherbergt und nach sozialen Legitimationen sucht. Es ist in der Tat höchst unerquicklich für jemanden, vor sich selber eingestehen zu müssen, nicht gebraucht zu werden, nichts in der Welt zu bewegen und keinen Platz im Produktionsprozeß zu finden. Da nun für die Angehörigen des quartären Sektors nirgends ein Platz vorgesehen ist, können sie sich nur einer Sache annehmen, nämlich der Gesellschaft selber, die sie indoktrinieren und verändern wollen. Der quartäre Sektor sorgt deshalb dafür, daß für alle möglichen Protestbewegungen und -gruppen ein personelles Reservoir von Leuten zur Verfügung steht, die sowohl über Zeit als auch einen hinreichenden Bestand an Grundnahrungsmitteln verfügen, so daß sie nicht gezwungen sind, notfalls unter Minderung des seelischen oder leiblichen Status den gesellschaftlichen Befund zu akzeptieren und sich in normale Prozesse einzugliedern. Zusammen mit der sehr deutschen Engagementswut und dem lehrhaften Zug, der viele unserer Mitbürger schon immer ausgezeichnet hat, führt dies dazu, daß sich Protestgruppen wie die Friedensbewegung relativ rasch und mit einer gewissen Durchschlagskraft formieren können. Schneller und effektiver jedenfalls, als es in den meisten anderen Ländern möglich wäre, wo dieser quartäre Sektor nicht in gleicher Quantität und Qualität besteht.

Was ist angesichts dieses Befundes zum quartären Sektor, dem auch die Friedensbewegung zuzurechnen ist, von seiten der Politik zu tun? Es erscheint als essentiell wichtig, daß die Regierungen – nicht nur die in Bonn – lernen, sich auf den neuen Tatbestand des ewigen Friedens und des nicht mehr verzehrbaren Aggressionspotentials im Innern einzustellen. Man sollte erkennen, daß das Aggressionsarsenal erhalten bleibt, auch wenn ihm das Stichwort Frieden abhanden käme. Es wird sich in einem solchen Fall zeigen, daß dann ein neues, großes Stichwort aktualisiert wird, das alsbald wichtiger und faszinierender scheint als der Friede. Die Fahnen wechseln, die Kader bleiben.

Der richtige Umgang
mit den Medien

Jetzt erst sind wir wirklich in das Fernsehzeitalter eingetreten. Aufgrund der Tatsache nämlich, daß wir es nun bei den Berufsanfängern und den Studenten zum ersten Mal mit einer wirklichen Fernsehgeneration zu tun haben, die nicht fernsehen gelernt hat, als sie bereits lesen und schreiben konnte, sondern die, umgekehrt, zuerst fernsehen gelernt und dann erst die anderen Fertigkeiten hinzugewonnen hat. Das heißt, daß wir es von nun an mit Menschen zu tun haben, für die das Fernsehen und nicht das gedruckte Wort das primäre Medium ist. Das hat bestimmte Folgen, die sich als roter Faden durch alles, was wir tagtäglich wahrnehmen können, hindurchziehen. Es bedeutet zum Beispiel, wie man aus amerikanischen Untersuchungen weiß, eine Verkürzung des »attention space«: Die Lektüre der »Kritik der reinen Vernunft« braucht eine gewisse Zeit; Hegels »Phänomenologie des Geistes« liest man nicht in einer Nacht, wenn man am nächsten Morgen noch etwas davon im Gedächtnis haben will. Aber auch eine komplizierte Nachrichtensendung braucht ihre Zeit zur Aufnahme und zur Verarbeitung. Die durch das Fernsehen geprägte Generation ist so stark an das Einschießen unterhaltender illustrativer Elemente bei jeder Art von Information und Wissensvermittlung gewöhnt, daß die Fähigkeit, rein verbal aufzunehmen, sei es durch mündlich Vorgetragenes, sei es durch schriftlich niedergelegten Text, sehr zurückgeht. Das ist das eine.

Das zweite ist, daß sich durch die Zunahme des Fernsehkonsums, der zwar bei uns weniger deutlich ausgeprägt ist als in den Vereinigten Staaten und Großbritannien, der aber mit Sicherheit in den nächsten Jahren zunehmen wird, ein anderes Medienverhalten erzeugt wird. Es erscheint dann nämlich demjenigen, der vor dem Apparat verweilt und an ihm seinen Tagesablauf in einer gewissen Weise auch orientiert, die Vermittlung von Informationen als lästige Unterbrechung von Unterhaltung. Man wundert sich immer, wenn man sich in Amerika über die Oberflächlichkeit der Nachrichtengebung im Fernsehen unterhält, über die Tatsache, daß selbst größere Tatbestände in maximal zwei Minuten abgehandelt werden müssen. Dann hat sich der Reporter wieder abzumelden. Das erklärt sich daraus, daß eine gewisse Komprimierung und ein Auf-den-Punkt-Bringen auch jeder Einzelheit der Informationsgebung bei den Sehgewohnheiten der dortigen Zuschauer erforderlich sind. Sendungen, wie sie bei uns noch häufig vorkommen, wo etwa eineinhalb oder zwei Stunden lang über die Eingliederungsprobleme drogenabhängiger Spätaussiedler diskutiert werden kann, werden in einer richtigen Fernsehgesellschaft immer unwahrscheinlicher und werden auch ihr Publikum nicht mehr finden können. Bei den richtigen Fernsehanhängern in den Vereinigten Staaten ist inzwischen etwas für eine Demokratie außerordentlich Bedenkliches zu bemerken, nämlich eine Art Abscheu vor der Politik. Die Politik wird nur noch als das Lästige empfunden. In dieses Bild paßte freilich ein großer Kommunikator wie Präsident Reagan sehr gut hinein, der diese Situation in seiner eigenen Präsentation zu nutzen wußte und sich entsprechend darstellte.

Zum Fernsehzeitalter gehört, daß, wer »überkommen« will, auf die Personalisierung und Emotionalisierung dieser Medien Rücksicht nehmen muß. Das heißt beispielsweise: Auf positive Personalisierung bei einem kritischen Tatbestand kann nur derjenige hoffen, der in seiner Person das Thema glaubwürdig darstellen kann. Wenn man etwa an den Fall Sandoz und die Rheinverschmutzung vom November 1986 denkt, so hätte der nicht vorhandene Herr Sandoz selber vor die Kamera gehen müssen, um seine Erklärung abzugeben. Hier ist immer noch ein Defizit bei unseren aktiven Wirtschaftlern festzustellen, die auch in kritischen Situationen glauben, sie könnten mit ihrem Pressechef arbeiten. Mit dem Pressechef kann man wunderbar arbeiten, solange es nicht kritisch ist. In dem Augenblick aber, da eine quasi-politische Situation für das Unternehmen entsteht, hilft der Pressechef nicht: Der Firmeninhaber oder Vorstandsvorsitzende muß in der heutigen Mediensituation dann selbst vor eine Kamera und vor ein Mikrofon treten.

Was nun die Emotionalisierung angeht, so bedeutet sie, daß man am besten dem Publikum Thesen und Erkenntnisse nicht primär als Frucht sorgfältigen Nachdenkens präsentiert, sondern als Ausdruck tiefer persönlicher Überzeugtheit. Das muß sich nicht widersprechen, man kann ja durchaus vom eigenen Nachdenken überzeugt werden. Die Erkenntnisse sind also als solche nicht argumentativ transportierbar, sondern sie sind höchstens – und das ist schon viel, wenn es gelingt – im Fernsehen zu illustrieren. Dem entspricht auch das Publikumsurteil, das sich in dieser Mediengesellschaft bildet. Das Publikum urteilt nach den Kategorien sympathisch-unsympathisch, schön-häßlich, unterhaltend-langweilig und, was sehr wichtig ist in Deutschland: gut und böse! Aber das Publikumsurteil richtet sich nicht oder erst zu allerletzt nach der Kategorie: richtig oder falsch. Das heißt, das Fernsehen ist eine ästhetische und moralische, aber keine intellektuelle Instanz, und bei allem, was für dieses Medium vorzubereiten ist, muß diese prinzipielle Stellung bedacht werden.

Natürlich ist auch der Begriff der öffentlichen Meinung heute nicht mehr derselbe wie früher, etwa im 18. Jahrhundert, als schon Kant über die öffentliche Meinung schrieb, oder zu Beginn des 19. Jahrhunderts, als Hegel in dem berühmten Zusatz zu § 316 der Rechtsphilosophie sagte: Was heute gelten soll, bestimmt sich nicht mehr durch Gewalt, sondern durch Gründe. Zu sagen, das sei heute völlig anders geworden, ist eine Übertreibung. Aber sicher sind diese Gründe, die heute gelten, andere als die, auf die Hegel abstellte. Es sind Überzeugungen und Empfindungen, die wirksam werden, aber nicht notwendigerweise Überlegungen, die nachprüfbar vollzogen werden von einem Publikum ungefähr gleich gesinnter, ungefähr gleich gebildeter, ungefähr gleich einsichtiger Personen. Der Staatsrechtler Bluntschli konnte im 19. Jahrhundert noch sagen: Öffentliche Meinung ist die Meinung der gebildeten Mittelklassen. Davon kann im heutigen Begriff der öffentlichen Meinung keine Rede mehr sein. Insofern gibt es auch im Zeitalter des Fernsehens keine unmittelbare Einbeziehung der Massen mehr in einen rationalen politischen Diskurs. Um eine Lieblingsvokabel unserer politischen Linken zu zitieren: Von dem rationalen politischen Diskurs wird um so häufiger geredet, je weniger er noch irgendwo ausfindig zu machen ist.

Es kommt hinzu, daß man gerade, wenn es um ökonomische und soziale Erkenntnisse geht, ohne einen gewissen Abstraktionsgrad nicht mehr auskommt, daß dieser Abstraktionsgrad aber in einer Situation, wo es auf Empfindungsreichtum und auf Illustrationstalent ankommt, nicht mehr zu transportieren ist. Es kommt schließlich noch hinzu, und das betrifft gerade ökonomische und soziale Erkenntnisse, daß es keine breite Akzeptanz des verwendeten Vokabulars gibt. Einfacher gesagt: Weder die Wissenschaftler noch die Unternehmer verstehen sich so auszudrücken, daß verstanden werden kann, was sie ausdrücken wollen. Vokabeln, die jedem Wirtschaftler mehr als geläufig sind, wie etwa Investition, Rendite oder Diskont, werden von mehr als 90 Prozent der Fernsehteilnehmer nicht oder nicht richtig verstanden.

Übersehen werden dürfen auch nicht deutsche Spezifika im

Hinblick auf das Fernsehzeitalter und die vom Fernsehen veränderte öffentliche Meinung. Robert Michels hat um die Jahrhundertwende zwei Klassen von Intellektuellen unterschieden: diejenigen, die vom Staat beschäftigt werden und – bei aller Unterschiedlichkeit der politischen Gesinnung – doch das prinzipielle Recht des Staates, insbesondere das Recht auf die Staatsquote, verteidigen – und diejenigen Intellektuellen, die nicht vom Staat beschäftigt werden und die infolgedessen das Kontingent der Unzufriedenen darstellen, die die Unzufriedenheit im Volke munitionieren und sich überhaupt als seine Meinungsführer betätigen. Diesen zwei Gruppen von Intellektuellen muß man wohl heute eine dritte hinzufügen, die erst nach dem Zweiten Weltkrieg erfunden werden konnte: Es sind diejenigen, die zwar durchaus einen beamtenähnlichen Status haben, die aber nicht das traditionelle Interesse eines vom Staat Besoldeten verlautbaren, sondern halb zu der ersten von Michels definierten Kategorie gehören und halb zu der anderen, die es als ihre legitime Aufgabe empfindet, die soziale Unzufriedenheit auszudrücken. Das ist besonders ausgeprägt in der Bundesrepublik Deutschland.

Es gibt kein anderes Land der Erde, wo die öffentlich-rechtlichen Medien, um die es hier vor allem geht, eine so wichtige und für die Meinungsbildung beinahe entscheidende Position innehaben wie bei uns. Damit gilt die Michelssche Grundbeschreibung immer noch und ebenso die These, in der er sagt: Jeder Staat, der unter modernen Bedingungen überleben will, muß gelegentlich aus dem Kreis der unzufriedenen Intellektuellen wieder Personen anstellen, um seine eigene Legitimationsbasis zu verbreitern – jedenfalls was das Personal angeht. Auch das hat bei uns ganz gut funktioniert, wenn man an die inzwischen quasi vollzogene Integration der 68er Generation in den staatlichen Apparat denkt. Diskutiert worden ist das immer unter dem Stichwort »Marsch durch die Institutionen«, und zwar betrachtet von seiten dieser beherzten jungen Männer und Frauen, die 1968 ihre Wirksamkeit zu entfalten begannen. Man kann es aber auch vom Staat her sehen, daß nämlich hier nicht nur aus Einfalt und aus Angst riesige Stellenplanöffnungen stattgefunden haben, sondern daß man auch mit einer Art objektivem Zynismus (einem gewissermaßen unbewußten Zynismus) diese Stellenplanöffnungen vollzogen hat – und damit die 68er Generation in das Staats- und Gesellschaftssystem hat einbeziehen können.

Für die Bundesrepublik ist überdies nicht nur diese Verfassung der öffentlich-rechtlichen Medien typisch, sondern auch die Tatsache, daß wir keinen zentralen Ort der öffentlichen Meinung haben. Weder Bonn ist dieser zentrale Ort noch Hamburg, München oder irgendeine andere Landeshauptstadt. Und das hat ganz eigentümliche Folgen: zum Beispiel die Tendenz zur *monothematischen* Abhandlung von politischen und ökonomischen Fragen. Wenn bei uns ein bestimmter Tatbestand zu öffentlichen Erörterungen einlädt, sind sofort zehn verschiedene Fernsehredaktionen engagiert und bereiten die Sendungen vor. Die Zeitungen sind ohnehin quer über das Land verteilt. Das heißt, es kann jeder aus jeder Ecke zum gleichen Thema reden und schreiben. Das bedeutet, daß, anders als in Ländern, die über Städte verfügen wie New York und Washington, Paris oder London, bei uns jedes Thema sehr lange und intensiv als Monothema abgehandelt wird, gegen das kein anderes Thema aufkommen kann.

Die Föderalisierung unserer öffentlichen Meinung erschwert zugleich den Zugang zu den Medien für neue Personen und Ideen. Die Vielzahl der Pseudo-Zentren verringert die Umlaufgeschwindigkeit der Gedanken. Es bedeutet aber auch, daß wir durch diesen Hang zur monothematischen Behandlung bestimmter Fragen eine institutionalisierte Hysterie haben. Ausländische Beobachter wollen uns zuweilen unterstellen, wir neigten als Volk besonders zur Hysterie. Wie immer das sein mag, ganz sicher ist, daß wir über ein gut funktionierendes

Instrumentarium verfügen, uns selbst in hysterische Zustände zu versetzen. Unter den verschiedenen über das Land verteilten Organen und Institutionen der öffentlichen Meinung findet keine Konkurrenz der Themeninnovation statt, sondern eine Konkurrenz der Betroffenheiten. Man kann einander nur dadurch übertreffen, daß man betroffener ist als derjenige, der ein Thema als erster aufgegriffen hat.

Schließlich trifft diese Verfassung der öffentlichen Meinung wiederum auf eine politisch-gesellschaftliche Verfassung, die ebenfalls ihre Besonderheiten hat. Es ist eine deutsche Eigentümlichkeit, daß die Parteien und die Großverbände älter sind als der Staat. Der Staat ist von vornherein nicht nur von partikularen Interessen mitbegründet worden, sondern auch in ganz anderer Weise von diesen beherrscht und okkupiert, als es bei anderen, vergleichbaren Staaten der Fall ist. Das macht es außerordentlich schwierig, neue Themen mit Aussicht auf Erfolg in die öffentliche Diskussion einzubringen. Denn der Sozialstaat ist ja nicht, wie einst Ernst Forsthoff meinte, bloß zu definieren als herrschaftsarme Organisation, sondern man kann den Sozialstaat durchaus auch sehen als ein herrschaftsintensives, modernes Instrumentarium, das Freiheit nicht nur bereitstellt, nicht nur simuliert, sondern auch über Herrschaftsapparaturen verfügt, die um so besser wirken, als sie kaum wahrgenommen werden können. Der Sozialstaat ist in der Lage, mit großer Emphase eine Vokabel wie Selbstverantwortung zu proklamieren und gleichzeitig, ohne Unterschied, eine Vokabel wie Selbstbeteiligung zu perhorreszieren. Ein solcher Sozialstaat, oder man könnte auch sagen: diese »Staatsgründer« definieren in Wahrheit, was in der Bundesrepublik den Verfassungsbestand ausmacht, und verteilen auch die Einflußsphären, nicht nur in der öffentlichen Meinung, sondern auch in der praktischen Politik.

Es gibt eine gemeinsame Front der Benefizempfänger. Man könnte in Umwandlung einer Formulierung, die Carl Schmitt einmal für das Völkerrecht verwendet hat, von sozialen Großräumen mit Interventionsverbot für raumfremde Mächte sprechen. Man wird nicht erleben, daß der eine große Geschädigtenverband, der älteste und erfolgreichste bei uns, der Bauernverband nämlich, der schon seit Mitte des vorigen Jahrhunderts als Geschädigtenverband sich erfolgreich hat darstellen können, jemals ernsthaft Kritik übt an den Zuwendungen der öffentlichen Hand für irgendeine andere Gruppe. Man weiß zu gut, daß man sich keinen Gefallen tut, wenn man das Versorgungs- und Schutzsystem insgesamt in Frage stellt, indem man an den Zuwendungen für andere Gruppen Kritik übt, sondern hier herrschen eben Parität und Proporz genauso wie im Verhältnis der Konfessionen untereinander.

Diese Probleme erörtern heißt aber auch, nach Abhilfe, nach möglichen Remeduren Ausschau halten. Die Frage, die sich stellt, lautet ganz einfach: Wie organisiert man Akzeptanz für politisch-ökonomische Einsichten, die nicht schon einen natürlichen machtvollen Advokaten haben?

Man braucht dabei nur einige Gesichtspunkte wieder in Erinnerung zu rufen. Erstens die Personalisierung und die Anschaulichkeit, von denen die Rede war. Man muß, wenn man eine neue Idee vorzutragen hat, selbst schon die Person bereitstellen können, die sie glaubwürdig gegenüber der Öffentlichkeit vertritt, ebenso wie man technisch die Mittel zur Veranschaulichung zur Verfügung stellen muß. Das heißt, man muß, wenn es sich irgend machen läßt, mit Hilfe der bekannten audiovisuellen Mittel eine Idee oder eine Einsicht, eine Erkenntnis oder eine ökonomisch-gesellschaftlich-politische Forderung filmbar machen.

Es bedarf ferner bei jedem Versuch, in die öffentliche Meinung mit Erkenntnissen, gerade auch mit wirtschaftlichen oder wissenschaftlichen Erkenntnissen, hineinzukommen, einer sorgfältigen semantischen Vorbereitung, und zwar nicht nur, was die Einfachheit des Vokabulars angeht, sondern auch hinsichtlich der Wortwahl. Eine große Wahlrechtsreform ist in Deutschland einmal im wesentlichen daran gescheitert, daß man sie »Grabensystem« benannt hat. Das war zu Zeiten der Großen Koalition unter Bundeskanzler Kiesinger. Die Assoziation mit der Grube, in die man die FDP damals stürzen wollte, war so offensichtlich, daß die Sache moralisch disqualifiziert war und politisch nicht durchgesetzt werden konnte. Oder, ein anderes Beispiel, wenn eine finanzielle Forderung an die Bürger als Abgabe oder als Kohlepfennig betitelt werden kann, dann sind die Verantwortlichen gut beraten, sich für den Kohlepfennig zu entscheiden; denn welcher Patriot möchte nicht für so etwas Edles wie die schwarzen Diamanten im Ruhrgebiet wenigstens einen Pfennig aufbringen?

Auch im qualitativen Sinne bedarf es eben einer sorgfältigen semantischen Vorbereitung. Hinzu kommt schließlich die Antizipation der Gegnerschaft. Es gehört nicht übermäßig viel Phantasie dazu, bei einer bestimmten These, die man vorzutragen wünscht, sich die Gegnerschaften auszumalen. Sehr häufig kann man sich sozusagen selbst die Stellungnahmen potentieller Gegner ausdenken. Was wird der Bundesverband der Deutschen Industrie (BDI), was wird der Deutsche Gewerkschaftsbund (DGB), was wird wer auch immer zu einem bestimmten Gedankengang sagen? Und wenn die Deutschen ein Volk wären, das sich selbst etwas mehr Ironie im politischen Umgang miteinander gestatten würde, könnte man sich sogar vorstellen, daß ein Verband oder eine Institution eine Pressemitteilung herausgibt, in der man zunächst den eigenen Text verbreitet und dann die simulierten oppositionellen Stellungnahmen gleich beifügt. Erforderlich ist jedenfalls, daß die Antizipation mutmaßlicher Kritik oder Zustimmung als Formulierungsvoraussetzung der eigenen Stellungnahme ernstgenommen wird. Schließlich müssen auch, wie bei einer guten Podiumsdiskussion, die zu einer Plenardiskussion ausgeweitet werden soll, spontane Zustimmungen oder Fragestellungen rechtzeitig abgesprochen und bereitgestellt werden. Auch das gehört zum handwerklich korrekten Umgang mit der öffentlichen Meinung, insbesondere im Fernsehzeitalter.

Gut beraten im Umgang mit der öffentlichen Meinung ist auch, wer keine Scheu davor hat, mehrfach zu wiederholen, was schon einmal gesagt wurde. Hier kann man von den Gewerkschaften lernen. Wer zum ersten Mal gesagt hat: »35-Stunden-Woche«, hat Gelächter geerntet. Das hat niemanden auf der Gewerkschaftsseite gestört. Die Propagandisten der Gewerkschaften haben es zehnmal gesagt, sie haben es hundertmal und hunderttausendmal gesagt, und heute ist es ganz klar: Die 35-Stunden-Woche ist kein Thema mehr! Jeder hat auch für sich selbst verinnerlicht: Die Sache ist nicht bloß ökonomisch eigentlich weniger fragwürdig gewesen, als man zunächst gemeint hat, sondern sie ist auch eine sittliche Forderung, die zu erfüllen man sich selbst mittlerweile zum Verdienst anrechnet.

Erforderlich ist schließlich die positive Moralisierung der eigenen Position. Man darf sich bei öffentlichen Bekundungen und Stellungnahmen nicht auf das Gewicht des eigenen Arguments, die Unwiderlegbarkeit der eigenen Begründung verlassen, sondern man muß sich sozusagen selbst moralisieren. Damit entspricht man nur dem, was man ohnehin im täglichen Umgang tut. Man moralisiert sich natürlich in positiver Hinsicht und stilisiert sich nicht selbst zu einem Sozialschädling.

Zum guten Schluß noch ein Hinweis zu dem, was für jede Institution nützlich ist, die nicht immer und unmittelbar den automatischen Zugriff zu den elektronischen Medien hat. Es gibt eine Möglichkeit, Akzeptanz für politisch-ökonomische Ansichten zu finden, die ganz altmodisch ist und doch zu jeder Zeit richtig war – das ist die Geduld. In kleinen Konventikeln und mit kleinen Zeitschriften hat der frühe Sozialismus angefangen und sich zu einer machtvollen Bewegung entwickelt. Und man soll nicht sagen: Das war in einer Epoche, als nur die

Mittel und Künste Gutenbergs zur Verfügung standen. Auch der Reaganismus, die neokonservative Bewegung in den USA, ist durch nichts anderes entstanden. Es gab keine Möglichkeit für Irving Kristol, Norman Podhoretz und wie die neokonservativen Theoretiker auch heißen mögen, im Fernsehen zu werben. Sie hatten im US-Kongreß niemanden, der ihnen zuhörte. Sie haben ein paar Jahre lang nichts anderes getan, als durch Manhattan zu laufen und unverdrossen für ihre Ideen Propaganda zu machen. Sie haben kleine Zeitschriften gegründet, sie unter materiellen Opfern herausgegeben und verbreitet. Und was ist am Schluß daraus geworden? Man mag das beurteilen, wie man will: Das Ergebnis waren immerhin eine achtjährige Präsidentschaft und die Veränderung eines großen Landes auf unserem Planeten.

Erinnerung an die Praxis:

»Die Bonner Runde«

»Die Bonner Runde«, die Sendung, die den Titel trug »Journalisten fragen – Politiker antworten«, ist zunächst von Reinhard Appel einige Jahre lang geleitet worden, danach von Jürgen Lorenz. Eines Tages hatte das Zweite Deutsche Fernsehen (ZDF) den Gedanken, der auch aus Überlegungen resultierte, die aus dem Zuschauerfeedback stammten, die etwas steril gewordene Sendeform aufzulösen und statt der Abfragesendung eine Diskussionssendung mit Bonner Politikern einzuführen. Die Vorläufersendung spielte sich in der Weise ab, daß sich Journalisten vorher zusammensetzten – es handelte sich im allgemeinen um Angehörige der Bundespressekonferenz in Bonn – und sich ganz bewußt auf kleinen Kärtchen Fragen notierten, die dann in bestimmter Reihenfolge abgerufen wurden. Zu jeder Frage gab es bereits eine vorformulierte Nachfrage für den Fall, daß die Antwort des betreffenden Politikers nicht konkret genug ausgefallen war. Im übrigen wurde ganz schematisch nach Parteienrangfolge, nach dem Protokoll des Bundestages, abgefragt.

Sehr oft hat diese Sendung wertvolle Aufschlüsse erbracht, so daß sie eine gewisse Nützlichkeit hatte, auch für die anschließenden Nachrichtensendungen in Rundfunk und Fernsehen. Aber sie erweckte zugleich den Eindruck hoher Offizialität beim Zuschauer, und die Einschaltquoten gingen im Laufe der Jahre zurück. Sowohl für diese Sendung als auch für die »Bonner Runde« galt, daß sie eine Grundvoraussetzung im Staatsvertrag des ZDF hatte. Dort gibt es einen Artikel (§ 6 Abs. II), der den politischen Parteien eine Art Verlautbarungsrecht einräumt, begrenzt auf die Bundestagsparteien. Diese hatten bei der Gründung des ZDF darauf Wert gelegt, gewisse Erfahrungen bei den Länderrundfunkanstalten, die heute die Arbeitsgemeinschaft der Rundfunkanstalten Deutschlands (ARD) bilden, zu verwerten und ihre Position bei dieser neugegründeten Anstalt womöglich noch zu verbessern. Eine Rolle hat dabei auch gespielt, daß der ursprüngliche Widerstand auf sozialdemokratischer Seite dadurch beseitigt werden konnte, daß sich die Parteien selber ein höheres Mitwirkungsrecht in der Programmgestaltung des ZDF sichern wollten.

Um die für das ZDF sehr unbehaglichen Auswirkungen eines direkten Verlautbarungsrechtes der politischen Parteien möglichst einzuschränken, kam man darauf, dieses Verlautbarungsrecht zunächst gesammelt in der Sendung »Journalisten fragen – Politiker antworten« darzustellen und dann daraus die »Bonner Runde« zu machen, die ohne ernsthaften Widerstand der politischen Parteien auch eingeführt werden konnte. Für die Besetzung der »Bonner Runde« ergab sich daraus, daß sie sich ganz wesentlich auf die etablierten Parteien konzentrierte. Die Auswahl der teilnehmenden Politiker war also – von extremen Ausnahmefällen abgesehen – begrenzt auf Mitglieder der im Bundestag vertretenen Parteien, wobei es nicht Voraussetzung war, daß die politischen Teilnehmer der Runde selbst dem Bundestag angehörten. Zu vielen Sendungen sind zum Beispiel Ministerpräsidenten der Bundesländer, Landesminister oder auch Politiker mit bloßen Parteifunktionen eingeladen worden.

Die Modifikationsmöglichkeiten in der Zusammensetzung der »Bonner Runde« waren relativ gering. Gelegentlich geschah es, daß aus aktuellem Anlaß nicht vier Politiker geladen wurden, sondern nur einer. So etwa, als die sozialliberale Koalition und der damalige Bundeskanzler sich schon in lebhaften innenpolitischen Schwierigkeiten befanden und nur der Kanzler eingeladen wurde. Natürlich mußte dann irgendwann eine Art Ausgleichssendung veranstaltet werden. Im Herbst des darauffolgenden Jahres, nach Ende der parlamentarischen Sommerpause, war dann auch der CDU-Vorsitzende und seinerzeitige Oppositionsführer Helmut Kohl Gast der »Bonner Runde«.

Um kurz zu schildern, wie die Sendung zustande kam, bedarf es einer Anmerkung: Wenn man besonders menschenfreundlich sein und Rücksicht auf die Produktionszeiten der Fernsehprogrammzeitschriften nehmen will, muß bereits sechs Wochen vor dem Sendetermin Klarheit über Thema und Teilnehmer bestehen. Solche frühzeitigen Dispositionen brachten einen aber bald in die unmögliche Situation, sechs Wochen vor dem Sendetermin voraussagen zu müssen, was dann vom Publikum erwartet werde und als aktuell anzusehen sei. Eine relativ kurzfristige Disposition über Teilnehmer und Thema der Sendung erwies sich daher bald als günstiger. In manchen Fällen war erst vierzehn oder auch nur zehn Tage vorher klar, welches das Hauptthema der Sendung sein würde.

Ein Beispiel für die Vorbereitung einer Sendung; es sollte um Wirtschaftspolitik gehen, und es mußte überlegt werden: Wer sind die dafür geeigneten Gesprächspartner bei den Parteien? Wer ist überhaupt verfügbar? Zunächst wurde, weil es am einfachsten und naheliegendsten war, Bundeswirtschaftsminister Graf Lambsdorff (FDP) eingeladen, der auch gleich zusagte. Dann erging eine Anfrage an den damaligen Ministerpräsidenten von Schleswig-Holstein, Gerhard Stoltenberg (CDU), der ebenfalls positiv reagierte. Und schließlich stellte sich die Frage: Wen könnte man von der SPD einladen? Die Sozialdemokraten hatten seinerzeit im Bundeskabinett keinen Wirtschaftspolitiker, sondern nur einen Finanzpolitiker. Aber Bundesfinanzminister Matthöfer hatte weder Lust noch Zeit, sich zum Themenkreis der geplanten Sendung zu äußern, zumal er sich gerade mit seiner Fraktion in heftigem Clinch über bestimmte Haushaltsprobleme befand. Nun konnte man also freischwimmend das Bundestagshandbuch durchblättern oder sich überlegen, welche namhaften sozialdemokratischen Wirtschaftspolitiker es in der Bundesrepublik denn gebe. Das Feld ist da sehr eng, es gibt nur sehr wenige. Eingeladen wurde schließlich Wolfgang Roth, der auch derzeit wichtigste wirtschaftspolitische Sprecher der großen Oppositionspartei.

Ein besonderes Problem bei der Zusammenstellung der Teilnehmer der »Bonner Runde« bot die CSU. Die CSU ist ja eine regionale Partei und war in Bonn, seit Franz Josef Strauß bayerischer Ministerpräsident geworden war, eine ganze Zeitlang nicht mehr eben durch eine Vielzahl prominenter Köpfe vertreten. Die »Bonner Runde« aber war unter dem Gesichtspunkt konzipiert, wichtige politische Standpunkte durch die wichtigen Sprecher der politischen Parteien vertreten zu lassen. Zwar wurde auch einmal der Versuch gemacht, Hinterbänkler als solche zu präsentieren. Das war auch ganz komisch; nur trug es zum Erfolg der Sendung insgesamt wenig bei, weil die Einschaltquoten radikal absanken, als vorweg publiziert wurde, daß dem Publikum völlig unbekannte Damen und Herren vorgestellt werden sollten. Das Fernsehen ist ja leider ein sehr auf Starkult ausgerichtetes Medium. Das gilt für die politischen Sendungen nicht weniger als für Unterhaltungs- und Sportsendungen. Wenn man sich also überlegte, wen man für die CSU heranziehen konnte, so blieb in der Wirtschaftspolitik (außer der Allzweckwaffe Fritz Zimmermann, der damals die Bonner Landesgruppe der CSU anführte und den man praktisch zu jedem Thema einladen konnte) nur der Rückgriff auf das bayerische Kabinett. Dort waren und sind eine ganze Anzahl durchaus kompetenter Politiker im Bereich der Wirtschaft zuhause, damals etwa die Herren Jaumann oder Streibl. Diese Politiker waren freilich als Landesminister nicht eben vorrangig mit Fragen der Wirtschaftspolitik des Bundes befaßt, sondern doch sehr stark mit ihren regionalen Problemen, so daß es nicht ganz leicht war, sie für eine Sendung zu gewinnen. Sie hätten sich gegebenenfalls intensiv auf die Sendung vorbereiten und auf den allerneuesten Bonner Sachstand bringen müssen. Das macht bei ganz großen Fragen meist keine Schwierigkeiten, weil die Landesminister über den Bundesrat und die Bundestagskommissionen, denen sie angehören, im allgemeinen relativ gut unterrichtet sind – aber in spezifischen Fragen eben doch nicht ganz so, als wären sie Mitglieder des Bundestages oder der Bundesregierung.

Nachdem schon einiges zur Vorbereitung der Sendung gesagt worden ist, paßt es ganz gut, darauf hinzuweisen, daß der Leiter der Sendung »Die Bonner Runde« nur einen Honorarvertrag mit dem ZDF hatte und nicht etwa fest angestellt war. Das ZDF wurde dadurch stark entlastet und hat diese Entlastung auch in einer extensiven und für den Leiter der Sendung meist belastenden Weise wahrgenommen. Es konnte beispielsweise eine sehr mißliche Sache sein, wenn man in den Parlamentsferien Teilnehmer für die »Bonner Runde« finden mußte, und es gab auch große parlamentarische Termine, zu denen Minister oder Abgeordnete keine Lust oder keine Zeit hatten, den Plenarsaal zu verlassen. Mitunter hingegen stimmte es sie durchaus froh, die Parlamentsdebatten unter Hinweis auf eine Fernsehverpflichtung verlassen zu können. In einer Vielzahl von Fällen freilich erhielt man auf Einladungen eine ganze Reihe von Absagen, so daß ein erheblicher Zeitaufwand erforderlich war, um die Fernsehrunde überhaupt zustande zu bringen.

Das gleiche gilt auch für die Besetzung der Sendung mit den Journalisten. Im allgemeinen sah die normal besetzte »Bonner Runde« so aus: ein Vertreter der CDU, ein Vertreter der SPD, ein Vertreter der CSU, ein Vertreter der FDP, dazu zwei Journalisten und der Moderator. Das war von der Besetzung her das Maximum dessen, was für eine Diskussionssendung erlaubt sein sollte, weil selbst in den stattlichen 59 Minuten und 30 Sekunden, die zur Verfügung standen, nicht mehr Damen und Herren vorgestellt werden und sich wirkungsvoll beteiligen konnten. Wenn man diese Zeit nach Minuten auf die einzelnen umlegt – wobei zu berücksichtigen ist, daß deutsche Politiker die Neigung haben, das ihnen einmal erteilte Wort möglichst nicht wieder herzugeben –, wird klar, daß diese zahlenmäßige Besetzung schon fast zu stark war.

In Deutschland hat man ja im Vergleich zu anderen Ländern, die eine größere Übung in der Kunst der öffentlichen Rede pflegen, ungemeine Schwierigkeiten, die Politiker, aber manchmal auch die Journalisten, dazu zu erziehen, sich epigrammatisch, präzis und prägnant auszudrücken. Das hängt damit zusammen, daß einige unserer Politiker sich im Grunde an das Fernsehzeitalter noch nicht gewöhnt haben, sondern eine Aufwärmzeit brauchen, ehe sie überhaupt dazu kommen, das auszudrücken, was sie sagen wollen. Es gibt einen nicht ganz seltenen Typ deutscher Politiker, der 15 Minuten braucht, ehe er überhaupt soweit ist, daß er sich seinen Zuhörern in Topform präsentieren kann. Das bekannteste Beispiel für dieses Phänomen war Franz Josef Strauß, der mindestens 100 Minuten (am besten 120 oder 150 Minuten) brauchte, um gehörig in Hitze zu kommen und sich so darzustellen, wie es seine Anhänger von ihm erwarteten – also bis er genügend eigenes Feedback erzeugt hatte und auf der eigenen Thermik durch den Saal schweben konnte. Etwas Ähnliches gilt bei den Sozialdemokraten für Willy Brandt, nicht aber für Helmut Schmidt, der gewissermaßen aus dem Stand heraus sprechen kann. Auch Helmut Kohl gehört zu denen, die eine relativ lange Anwärmperiode brauchen und auch dann wenig dazu neigen, sich sehr präzis und kurz auszudrücken.

Natürlich wissen geübte Politiker auch, daß es gefährlich sein kann, kurz und aphoristisch zu antworten. Man erzeugt damit nämlich leicht zitierbare Satzeinheiten (das, was die Angelsachsen »sound-bits« nennen), und wenn man sich dabei verhauen hat, gibt es keine Möglichkeit mehr, sich noch innerhalb des gleichen Satzzusammenhangs zu korrigieren. Für etwas unsichere Kantonisten empfiehlt es sich daher im eigenen Interesse, immer zu längeren Ausführungen Zuflucht zu nehmen, was freilich für eine Fernsehsendung, um auf die »Bonner Runde« zurückzukommen, eher von Nachteil ist. Es nutzte auch nicht viel, wenn man sich mit Kollegen verabredete, diesen oder jenen Politiker, der zur Länge neigt, doch gegebenenfalls zu unterbrechen. Die Abwehrmechanismen sind natürlich bei jedem professionellen Politiker in vielfältiger Übung ausgeprägt, und man bekommt mit Sicherheit zunächst zu hören: »Ich darf hier gerade diesen Satz noch zu Ende führen.«

Nur darf man nicht glauben, daß man sich als unterbrechender, disziplinierender Fernsehjournalist einen Gefallen täte. Das anschließende Zuschauerecho war und ist nämlich in solchen Fällen überwiegend negativ. Das deutsche Publikum ist, anders als beispielsweise das amerikanische, das englische oder auch das französische, nicht geneigt, sich bei einer solchen, sich häufig kontrovers entwickelnden Sendung mit den Leuten zu identifizieren, die sich als ihre Sachwalter fühlen, nämlich den Journalisten, sondern eher geneigt, die Partei der Politiker zu nehmen und nach dem Gesichtspunkt zu reagieren: Was erlaubt sich dieser Grünschnabel gegenüber einem veritablen Bundesminister, der uns sagen will, wie die Lage in Wirklichkeit ist! Und da jeder der vier Politiker natürlich seine Klientel im Publikum hatte, kam es per saldo immer dann, wenn man in energischer Weise zu lange Äußerungen der Teilnehmer unterbinden wollte, zu regelrechten Aufwallungen im Zuschauerpublikum.

Das gleiche gilt für das Phänomen des sogenannten »harten« Fragens. Die »Bonner Runde« war ja keine Sendung, die allein auf Fragen abgestellt war, sondern sie sollte eine Gesprächssendung sein. Sie war im Unterschied zur Vorgängersendung auch technisch so aufgebaut, daß ein Meinungsaustausch herbeigeführt wurde. Die Teilnehmer saßen im Halbrund drei Kameras gegenüber, die nach beiden Seiten beweglich waren, so daß man immer Großaufnahmen des jeweils Redenden und Zwischenschnitte eines Teilnehmers bringen konnte, der gerade nicht redete, aber irgendwelche physiognomischen Reaktionen zeigte. Es gelang manchmal sehr gut, den Ausdruck unendlicher Langeweile einzuspielen. (Eine weitere Kamera fuhr die Totale.) Sehr wichtig war auch, daß keine größeren Tische beigegeben waren. Solche Tische hatten bei »Politiker fragen – Journalisten antworten« dazu geführt, daß alle Teilnehmer der Sendung regelmäßig mit Aktenpaketen erschienen, denen kleine Spickzettel von den Referenten beigelegt worden waren, so daß die Politiker bei bestimmten Fragen erklären konnten: »Aber, Herr Kollege, Sie haben am 15. September 1951 in der Bundestagssitzung, ich darf das mit Erlaubnis des Vorsitzenden hier zitieren, folgendes gesagt ...«, um dann irgendwelche Widersprüche nachzuweisen. Und auf diese Weise kam dann eine Sendung zustande, die dem, was man aus Parlamentsdebatten ohnedies kennt, zum Verzweifeln ähnlich sah.

Das wollten wir unterbinden, und deswegen waren die Politiker dann gewissermaßen schutzlos. Es gab nur noch kleine Tischchen, auf denen ein Getränk stand – im allgemeinen Mineralwasser, gelegentlich aber auch Whisky –, wo man auch die Pfeife ablegen konnte oder eine Schachtel Zigaretten; nicht aber mehr die Möglichkeit, große Aktenstücke mit in die Sendung zu bringen und daraus vorzulesen.

Auf der anderen Seite war die Sendung auch nicht so angelegt, daß die Journalisten nur Fragen stellen sollten, die dem Entlocken frischer Informationen dienten. Ziel der Sendung war, die Politiker in einem möglichst natürlichen Zustand zu zeigen. Der Informationswert mußte nicht unbedingt eine politische Neuigkeit sein, sondern konnte auch einfach darin bestehen, daß man erkennen konnte, wie ein Politiker in einer für ihn heiklen Situation zu reagieren pflegt. Ist er nervös, ist er gewandt, kann er sich elegant ausdrücken, kann er sich gut aus der Schlinge ziehen, macht er einen eher schwerfälligen Eindruck? Auch das ist ein ganz legitimer Informationsgehalt, den man besonders leicht durch eine solche Gesprächsform übermitteln kann. Die Fragen, die gestellt wurden, waren in der Sendung im allgemeinen von der Art, daß sie auch bei einem normalen Gespräch, das sich in privater Umwelt abspielt, so gestellt worden wären. Anders also als etwa bei der Fernsehpressekonferenz des amerikanischen Präsidenten wurde nicht mit Stentor-Stimme und inquisitorisch erhobener Hand irgendeine scharfe Frage gestellt, sondern die Frage kam eher locker im Gesprächston. Genau das freilich wurde von Zeitungskritikern vornehmlich dieser Sendung (aber auch fast allen anderen politischen Sendungen im deutschen Fernsehen) immer wieder angekreidet.

Das deutsche Publikum spricht aber auf die »harte« Frageweise nicht an, das ist ganz eindeutig. Darüber hätte man sich nun hinwegsetzen können, da man ja im öffentlich-rechtlichen Fernsehen arbeitete und auf die Einschaltquote nicht allzusehr zu achten brauchte; immerhin erreichte die »Bonner Runde« relativ hohe Einschaltquoten. Sie bewegte sich selbst mit ganz schlechten Sendungen bei ungefähr zwölf Prozent der Fernsehteilnehmer. Schlecht war eine Sendung dann, wenn die Einschaltquote während des Verlaufs der Sendung absank, wenn die Gespräche also zu langweilig ausgefallen waren – oder wenn auf den anderen Kanälen unwiderstehliche Konkurrenzprogramme liefen. Zwölf Prozent, das war und ist sozusagen der harte Kern, der an Politik interessiert ist. Man kann eine Einschaltquote von 26 bis 27 Prozent, die die »Bonner Runde« auch schon gelegentlich hatte, natürlich nur erreichen, wenn auf dem anderen Kanal nicht »Die Caine war ihr Schicksal« flimmerte und auf einem weiteren Kanal ein Fußballpokalspiel.

Zurück zu den »harten« Fragen. Es wird meist übersehen, daß dieses Harte-Fragen-Stellen bei den Angelsachsen oft nur eine »façon de parler« ist. Inhaltlich sind die Fragen keineswegs härter als die Fragen, die von deutschen Journalisten gestellt zu werden pflegen. Mit einer Ausnahme, nämlich bei der Bundespressekonferenz: Dort hat man ja im allgemeinen nicht Regierungsmitglieder vor sich, sondern den Staatssekretär des Bundespresseamtes, der selbst ein halber Kollege ist. Und niemand hatte zum Beispiel ein Interesse daran, sozusagen interkollegial so nette Leute wie Klaus Bölling oder Peter Boenisch in die Pfanne zu hauen. Da gab und gibt es so ein halbkollegiales Bewußtsein, das nur dann aussetzt, wenn es wirklich um sehr kontroverse Fragen der Politik geht.

Es kommt hinzu, daß die Bundespressekonferenz nicht vom Fernsehen übertragen wird. Das Fernsehen zeichnet die Bundespressekonferenz zwar auf, aber in der Regel nur das, was der Regierungssprecher sagt, um besonders wichtige Äußerungen der Regierung in irgendeiner Nachrichtensendung unterzubringen. Es ist also anders als bei den amerikanischen Pressekonferenzen, wo der Fragesteller mitgefilmt wird und sich durch intelligent und energisch gestellte Fragen profilieren kann: gegenüber seiner Heimatzeitung, seinem Verleger, seinem Chefredakteur.

Hinzu kommt des weiteren, daß nicht bloß die deutsche Politik durch eine außerordentlich hohe personelle Stabilität gekennzeichnet ist. Bei uns tritt nur alle zwölf Jahre einmal ein neues politisches Gesicht auf. Das gilt für das Pressekorps in Bonn in mindestens der gleichen Weise, so daß eine Art gesellschaftlicher Verflechtung im politischen Milieu der Bundeshauptstadt obwaltet. Es spielt selbstverständlich eine Rolle, daß man gestern mit einem bestimmten Herrn zu Mittag gegessen hat und ihn in der nächsten Woche nach Hause zum Abendessen einlädt. Man kann ihn dann zwischendurch nicht öffentlich in die Enge treiben wollen. Solche Dinge werden natürlich in einer sehr großen Hauptstadt mit anderen Auslaufmöglichkeiten und einem geringeren gesellschaftlichen Insichverkehr eine weniger bedeutende Rolle spielen.

Und schließlich gibt es noch einen professionellen Gesichtspunkt: Wenn man nämlich eine Frage, eine gute Frage hat, von deren offener Beantwortung man sich eine wirkliche Information verspricht, dann ist man schlecht beraten, diese Frage in der Pressekonferenz zu stellen. Denn alle Kollegen hören die Frage mit und auch die Antwort. Wer also sein Handwerk wirklich versteht, der läßt die anderen ruhig die Fragen stellen, tut auch selber seine Pflicht, indem er mal eine Frage beisteuert. Aber die Frage, die einem wirklich am Herzen liegt, mit der man einen Coup landen könnte, die stellt man natürlich nicht in der Pressekonferenz, sondern man ruft hinterher bei dem Betreffenden an und sagt: Also, wie ist denn folgendes nun wirklich? Denn nur in diesem Falle kommt man zu einer Exklusivmeldung. Ein richtiger Korrespondent will ja nicht das ganze deutsche Volk bedienen, sondern im wesentlichen sein Publikum. Sein professioneller Ehrgeiz geht dahin, sich in den Besitz von Informationen zu bringen, über die er allein verfügt.

Bei der »Bonner Runde« spielte das »harte« Fragen nur ausnahmsweise eine Rolle. Das Nachfragen allerdings spielte eine sehr viel größere, als es in Pressekonferenzen der Fall ist. Das ergab sich einfach aus der Zusammensetzung der Runde. Sehr viel kommt übrigens auch bei Nachfragen häufig nicht heraus, weil die Ausweichtechniken der Politiker hoch entwickelt sind. Wenn man einem Politiker eine unangenehme Frage stellt, dann sagt er beispielsweise: »Herr Dr. Maier, ich bin Ihnen sehr dankbar für diese sehr interessante Frage, aber lassen Sie mich noch vorweg zurückkommen auf das, was eben Frau Müller gesagt hat.« Und dann spricht er ganz ungeniert über das, was Frau Müller gesagt oder auch nicht gesagt hat, und vergißt die andere Frage einfach. Und wenn dann Herr Maier auf seine Frage zurückkommt oder man als Moderator interveniert: »Sie haben die Frage von Herrn Maier noch nicht beantwortet«, dann sagt er: »Wie war die Frage doch noch mal?« Dann muß man selber schon sehr gut aufgepaßt haben, um die Frage reproduzieren zu können. Gelingt das, dann repliziert der Politiker: »Ja, das war eine sehr wichtige Frage, aber ich glaube, sie ist längst erledigt worden durch das, was Herr Oberhuber von der CSU vorhin gesagt hat.«

Kurz, wenn der Politiker auf eine heikle Frage nicht antworten will, kann man ihn nicht dazu zwingen. Das einzige, was man erreichen kann, ist, ihn vor dem Fernsehpublikum als offensichtlich ausweichend vorzuführen. Das aber versucht er natürlich im allgemeinen mit allen Mitteln zu verhindern. Ein so hochentwickelter Fernsehprofi wie Helmut Schmidt schaffte das allemal, ebenso Franz Josef Strauß.

Doch zurück zu den konkreten Fragen. Die Themen für die »Bonner Runde« wurden stets durch die Aktualität bestimmt. Sie wurden nicht vom ZDF fixiert, sondern das ZDF hatte die ganze Vorbereitung der Sendung an den Leiter und Moderator delegiert. Recherchen waren im allgemeinen nicht nötig, weil nur Personen in verantwortlichen Stellungen zu dringlichen Problemen befragt werden sollten. Die Beiträge konnten vor der Ausstrahlung nicht überarbeitet oder kontrolliert werden, weil es eine Live-Sendung war. Zwar ist einmal der Versuch gemacht worden, die »Bonner Runde« aufzuzeichnen, doch wurde dieser Versuch nicht wiederholt. Die Aufzeichnung einer solchen Sendung empfiehlt sich nicht, weil dann nicht mit letztem Ernst gearbeitet wird. Jeder Teilnehmer denkt sich dabei: Das läuft jetzt auf Band, und selbst wenn ich mich total daneben benehme oder bei einer Antwort völlig verhaue, kann ich darum bitten, auch mit Nachdruck darum bitten, daß die Aufzeichnung noch einmal gemacht werden möge. Das ist aber das Allerschlimmste, was man sich vorstellen kann, jede Art von Spontaneität geht bei einer zweiten Auflage verloren.

Infolgedessen war es nur natürlich, die Sendung als Live-Sendung zu veranstalten und alle Risiken in Kauf zu nehmen, die sich damit verbanden.

Die größten Risiken hatte ohnedies der Moderator zu tragen. Und anders als Werner Höfer konnte sich der Moderator der »Bonner Runde« nie davon freimachen, vor der Sendung nervös zu sein und jeden Auftritt mit Lampenfieber zu beginnen. Den meisten Kollegen ergeht es wohl ähnlich. Einige haben sich sogar einen Blutdruck- oder Pulsmesser umschnallen lassen, um zu kontrollieren, in welchem gesundheitlichen Zustand sie sich in den ersten 15 Minuten ihrer Sendung befinden.

Die Entscheidungsbefugnis des Moderators betraf bei der »Bonner Runde« nur die Teilnehmer, sowohl die journalistischen als auch die Politiker, wobei in sicherlich 95 Prozent aller Fälle der Moderator völlig allein entschied. Natürlich sprach man sich mit der Redaktion im ZDF ab; doch meistens in der Form, daß man mitteilte, wen man diesmal eingeladen hatte. Es konnte hin und wieder vorkommen, daß die Redaktion aus diesem oder jenem Grund Einwände gegen einen Eingeladenen erhob, etwa weil der Betreffende in einer anderen Sendung in zeitlicher Nähe zur »Bonner Runde« ebenfalls auftreten wollte oder sollte. Bei solchen begründeten Einwänden fiel dann dem Moderator die unangenehme Rolle zu, den Gast wieder auszuladen und schnell für Ersatz zu sorgen. Oft vorgekommen sind allerdings solche Fälle nicht.

Immer wieder wird übrigens gefragt: Wer kontrolliert nun eigentlich die Moderatoren und auf welche Weise? Die Antwort ist im Falle der »Bonner Runde« einfach: Der Moderator wurde durch das ZDF kontrolliert. Die Fernsehverantwortlichen sahen sich die Sendung an und sagten dann dem Leiter der Sendung: Das haben Sie aber gut gemacht – oder auch: das war sehr schlecht gemacht.

Im allgemeinen ist ja der Umgangston bei den Fernsehjournalisten völlig anders als unter Zeitungsjournalisten. Zeitungsjournalisten gehen relativ rauh miteinander um, also öfter nach der Melodie: Ich habe Ihren Leitartikel gestern gelesen ... Wie Sie so viel Unsinn in 93 Zeilen haben schreiben können, ist mir ganz unbegreiflich. Fernsehleute führen sich viel eher wie Leute des Showbusiness auf, zumindest im unmittelbaren Zusammenhang mit der Sendung. Leute, die selber vor der Kamera oder vor dem Mikrofon arbeiten, reagieren eher wie Schauspieler, das heißt, sie empfinden den Druck der Sendung als so stark und das befreiende Gefühl nach der Sendung als so starke Entlastung, daß sie jedem anderen Kollegen, der es auch gerade noch eben geschafft hat, sagen: Fabelhaft warst du heute wieder.

Das gilt natürlich nicht für solche Kollegen, die nicht vor der Kamera stehen, sondern in der Anstalt sitzen oder etwa bei der »Bonner Runde« die Honneurs für die Anstalt machten. Die sagten dann schon mal mit strengem Blick: Das und das hätte ganz anders laufen müssen. Derartiges hörte man sich dann dankbar an unter dem Gesichtspunkt, daß jeder immer noch etwas dazulernen kann (wenn man es dann auch nicht tat). Eine direkte Kontrolle des Moderators in einer Live-Sendung ist aber schon technisch kaum möglich. Nur ganz selten erhielt man einen Hinweis aus der Regie, der allerdings sehr wichtig sein konnte, wenn der Moderator zuweilen im Ablauf der Sendung den Überblick ein wenig verlor. Es war dann natürlich ganz nützlich, wenn man einen Zettel bekam: Bitte Thema wechseln!

Zum Selbstverständnis des Moderators noch ein paar Sätze: Die »Bonner Runde« wurde eindeutig nicht für jenes Publikum gemacht, an das etwa Reinhard Appel seine Sendung unter direkter Bürgerbeteiligung adressierte. Die Sendung »Bonner Runde« richtete sich an politisch stark interessierte Zeitgenossen. Gegenstand und Ziel der Sendung waren nicht, eher Unpolitische für Politik zu interessieren. Das konnte diese Sendung nicht leisten, wie sie auch kein Gesamtpanorama der deutschen oder internationalen Politik entwerfen konnte. Dies erklärt sich daraus, daß sie auf die Darstellung derjenigen Politiker begrenzt war, die damals Politik machten. Insofern war es eine Sendung, die die etablierte Politik reflektierte.

Es gab nach Sendungen der »Bonner Runde« meist eine Menge Post, so wie bei fast allen Fernsehveranstaltungen. Diese Art Feedback war aber so wenig repräsentativ, daß man bald aufhörte, sie als Beurteilung der Sendung ernst zu nehmen. Man las natürlich jeden Brief, und zwar sehr schnell, weil man im Laufe der Zeit ein Auge dafür bekommen hatte, wie ernsthafte Briefe aussehen und wie nicht-ernsthafte. Es gab die berühmten »Rentnerbriefe«, also Briefe von Leuten, die viel Zeit haben und ihre Briefbögen mit der Hand vollschreiben, oft fast unlesbar, von oben bis unten und die Ränder auch noch. Es handelte sich meist um Briefe, die nur darauf abstellten, daß bestimmte Vorurteile entweder verletzt oder bestätigt worden waren, und danach fiel dann die Beurteilung der Sendung aus. Die Briefe, die man bekam, waren ohnedies überwiegend kritisch, weil Leute, die sich über eine Sendung geärgert haben, stets über viel mehr Antrieb verfügen, einen Brief zu schreiben, als Zuschauer, die mit einer Sendung einigermaßen zufrieden sind.

Ein noch schwächeres Feedback bot die Fernsehkritik in der Presse, weil diese Kritik bei den meisten Zeitungen von einem merkwürdigen Gesichtspunkt getragen ist. Es wird nicht eine Sendung an sich bewertet, sondern danach geurteilt: Wie ist der Politiker, der der politischen Richtung des Blattes am nächsten steht, in der Sendung weggekommen? Das heißt, Fernsehkritik in der Presse ist zum guten Teil ideologische Kritik und keine Formalkritik an der Sendung, so daß es mit dem Feedback, insbesondere dem professionellen Feedback, nicht zum besten bestellt war und noch immer ist. Ein verwertbares Feedback liefern allenfalls die regelmäßigen Zuschauerbefragungen, die das ZDF unternehmen läßt.

Der mündliche Kommentar

Der mündliche Kommentar begegnet uns in zwei sehr verschiedenen Medien: Radio und Fernsehen. Aus den politischen Kommentaren im Hörfunk, den Fünf- und Zehnminuten-Beiträgen zu wirtschaftlichen oder kulturellen Vorgängen ist keine selbständige, unterscheidbare journalistische Form hervorgegangen. Sie bieten den Hörern, mit nur geringfügigen Zugeständnissen an die gegen das Lesen verminderte Aufnahmefähigkeit, dasselbe akustisch dar, was als Glosse, Leitartikel oder Betrachtung in den Zeitungen geschrieben steht. Unschwer lassen sich darum Hörfunkkommentare von Autoren, die auf sich halten, zu Sammelbänden zusammenfassen; von vielen Kommentaren im Rundfunk – besonders solchen, die tieferen Einblick gewähren in die Zeitlage oder die den Gang des Weltgeistes behutsam anzeigen – weiß man schon beim Anhören, daß sie demnächst im Feuilleton einer Wochenschrift, einer großen Tageszeitung vors Auge kommen; vielleicht unter der gleichen Generalüberschrift, die auch die Kommentarserie des Radios ziert: »Themen der Zeit«, »Panorama«, »Perspektiven«, »Deutschland und die Welt«, »Auf ein Wort« pflegt dergleichen zu heißen.

Es ist nicht zufällig, daß der Hörfunk, sich der Konkurrenz mit dem Fernsehen nachgerade bewußt werdend, derzeit journalistische Formen bevorzugt, die auch das Fernsehen pflegt und den Kommentar zurückdrängt, die Reportage hingegen, das kommentierend-informierende Interview in Magazinsendungen bevorzugt; nicht zufällig auch, daß jene Kommentare, die den geringsten Bezug zur Aktualität, zum alltäglichen Anlaß haben und Übergänge zum Essay versuchen, am ehesten den Platz im Programmschema halten können.

Anders beim Fernsehen. Die Einführung des Fernsehkommentars, ursprünglich bloßem Nachahmungstrieb und dem Bedürfnis eines von den Gebildeten belächelten Mediums nach ein wenig Seriosität zu verdanken, hat eine neue, eigenständige journalistische Form gebracht – eine Besonderheit übrigens des deutschen Fernsehens, denn Fernsehkommentare sind selbst bei jenen ausländischen Systemen, die freie Meinungsäußerung zulassen, höchst selten und Säkular-Ereignissen vorbehalten.

Der Fernsehkommentar ist deshalb etwas ganz anderes als der geschriebene oder der im Hörfunk gesprochene Kommentar, weil die hinzutretende optische Erscheinung des Autors eine spezifische Wirkung hat, die auf die Konzeption des Kommentars selbst zurückschlägt. Der Kommentator tritt nicht als Stimme, sondern als Person vor das Publikum, das obendrein nicht Publikum im überkommenen Verstande ist, sondern sich aus einer Vielzahl von kleinen Zirkeln, aus Familien, Nachbarn, Freunden, zusammensetzt. Der Kommentar wird nicht erlebt mit der Distanz des einzelnen Lesers, der den Leitartikel seiner Morgenzeitung liest, nicht in der distanzierenden Verfremdung durch das Anhören einer bloßen Stimme im Radio, aber auch nicht in der Öffentlichkeit der Volksversammlung. Die Intimität, in der der Empfang des Fernsehkommentars stattfindet, die vertraute Atmosphäre der eigenen vier Wände und der Menschen des täglichen Umgangs, reduziert von vornherein die Ausdrucksmöglichkeit, die dem Kommentar zur Verfügung steht. Dröhnende Appelle blieben wirkungslos, wären peinlich oder lächerlich; ätzende Kritik so deplaciert wie alles, was die üblichen Konventionen des zivilen Umgangs überschreitet. Die Wirkung des Kommentars hängt ab von dem persönlichen Vertrauen und der Sympathie, die der Kommentator zu erwecken vermag, und nicht selten sind darum jene am erfolgreichsten, die vor allem Rechtschaffenheit ausstrahlen, mag sich auch eine intellektuelle Unschuld mit ihr verbinden, die dem Erfolg eines geschriebenen Kommentars eher hinderlich wäre.

Der Text des Fernsehkommentars bleibt insgesamt dem Bild untergeordnet; er kann auch durch dieses manipuliert werden. Es beginnt damit, daß das Bild des Kommentators Aufmerksamkeit auf sich zieht und dem Wort entwendet; dergestalt, daß kein Kommentator gut beraten ist, eine Pointe, eine Information von Belang in den beiden ersten Sätzen unterzubringen. Im folgenden kann der Kommentator sein Glück machen durch die Mimik, mit der er seinen Spruch begleitet: scharf und drohend blickend, besorgt oder traurig – oder, bis zur Grimasse lächelnd, Ironie unmißverständlich ankündigend; er verfügt über den Ironie-Indikator, dessen Fehlen auf den Setzmaschinen von Journalisten unseres Landes so häufig beklagt worden ist. Nicht selten geschieht es dann, daß auf einen Kommentar erregte Proteste, Beschwerden von Mächtigen folgen oder auch begeisterter Jubelruf – und all das rasch verstummt, wenn der ausgebetene Text nachgelesen wird. Die Reaktion hatte gar nicht den Worten gegolten, war nicht von ihnen ausgelöst, sondern von jener eigentümlichen Koppelung von Text und Bild, von Stimme und Person, eben einem Fernsehkommentar.

Der Schauspieler dient einem fremden Text, der Fernsehkommentator verwertet den eigenen – aber auch nur als ein Mittel unter mehreren, freilich dem wichtigsten, wenn es um den Transport von Inhalten, und dem einzigen, wenn es um Argument und Räsonnement geht. Seine Sprache ist aber nicht nur reduziert auf die Grenzen der Intimität, innerhalb deren er aufgenommen und empfangen wird, sondern auch durch die Ziele begrenzt, die er mit äußerstem Ehrgeiz anstreben mag – er kann beim Zuschauer Mitleid erwecken oder

Zutrauen erregen, Hoffnungen stärken, Illusionen entlarven. Aber all dies bleibt in einer Sphäre von Passivität; Anstöße zu Initiativen, Motive zum Handeln, zur Umkehr des Verhaltens gehen nicht eigentlich vom Fernsehen aus.

Gegenüber dem Politiker, der das Fernsehen nutzen möchte, ist der journalistische Kommentator allerdings doch privilegiert – ihm wird ein höheres Maß an Intellektualität zugestanden, die Erwartung richtet sich nicht ausschließlich aufs Vertrauenerweckende, das für den Fernseherfolg des Politikers konstitutiv ist. Der Kommentator darf sich, in der Sprache der Linguistik zu reden, eines elaborierten Codes bedienen – über die Köpfe hinwegreden –, was dem werbenden Politiker, der wie ein Vater oder großer Bruder oder wie ein Hausarzt in die Stube treten muß, kaum zugestanden wird. Der Fernsehkommentator darf noch Züge Settembrinis haben, der Fernsehpolitiker muß Mynheer Peeperkorn sein. Der politische Typ Barzel und Schmidt tut gut daran, nicht häufig auf dem kleinen Schirm zu erscheinen; als Kommentator dürfte er öfter auftreten, aber nicht oft.

Daraus folgt, daß der Fernsehkommentar Gedanken nicht so sehr aus der Kraft des Textes vermittelt, sondern kraft des Mittlers, der ihn vorträgt. Und da der Fernsehkommentar nicht den festen Buchstab pflegt, sondern zuweilen ihn sogar desavouiert, und da er immer von der Präsentation durch den Verfasser lebt, ist seine mögliche Literatur-Fähigkeit um so geringer zu bewerten, je klarer er die eigene Bestimmung erfüllt. Seit Menschen schreiben können, ist Literatur Geschriebenes – nämlich vom Urheber ablösbarer und ohne seine leibliche Gegenwart gegenwärtiger Geist.

Einzelheiten

Die beiden Lager

Um eine Neuheit sind wir reicher: das Bild von den zwei Lagern. Heiner Geißler hat versucht, mit diesem Bild eine siegbringende Fahne zu schmücken, Martin Bangemann verwendete es bescheidener zur Zustandsbeschreibung für einen nicht mehr zweifelhaften Standort seiner Partei. Nicht zwei eigentlich beliebige Koalitionskonstellationen stehen sich demnach derzeit mit CDU/CSU/FDP und SPD/Grüne gegenüber, sondern zwei Lager, die in ihren politischen Instinkten grundverschieden sind.

Diese Analyse ist richtig. Und wie ein Blick auf andere Länder zeigt, ist dieser Gegensatz gewissermaßen ein Stück fundamentaler politischer Psychologie. Die französische und englische Politik waren – zugespitzt durch Formen des Mehrheitsrechts – immer durch den Kampf zwischen konservativen und progressiven Gruppen bestimmt. Ähnliches gilt, nur scheinbar erstaunlich, für die vergleichsweise ideologiefreien USA. Auch hier geht es bei dem Streit zwischen Republikanern und Demokraten im Grunde immer um mehr oder weniger Staat.

Das führt direkt zu einem der zentralen Unterschiede zwischen beiden Lagern, wie er auch in der Bundesrepublik zu beobachten ist. Ist der Staat für die »rechten« Parteien lediglich der Rahmen, der das Land im Innern ordnen und nach außen vertreten soll, so ist er für die »linken« Parteien für weitaus mehr zuständig: Vom Staat wird »mehr« Gerechtigkeit gefordert, der Staat soll durch konkrete Maßnahmen die Zukunft der Wirtschaft wie der Bildung wie der Umwelt planen. Weiß der eher konservative Wähler, daß er sich Ansprüche zu erwerben hat – und sucht die erworbenen Ansprüche dann zu verteidigen –, so ist der Wähler der Parteien des linken Spektrums gewiß, daß sie ihm als Natur-, Sozial- und als Bürgerrecht zustehen. Zugrunde liegt dem ein unterschiedlicher Gesellschaftsbegriff – geprägt natürlich durch die Tradition der Familie, ihrer Erziehung, nicht zuletzt mindestens ebenso durch die Möglichkeit der Einsicht in wirtschaftliche Abläufe.

Nicht zufällig wird die Mehrheit der Grünen von Jungakademikern gestellt, die ihr Leben als eine Kette berechtigter Forderungen an das Gemeinwesen erfahren haben. Nicht zufällig wird das Bild der Sozialdemokraten weitgehend von Angehörigen des öffentlichen Dienstes geprägt, deren tägliches Geschäft Zuteilungen verschiedenster Form sind. Und nicht zufällig haben sich Freie Demokraten und Christdemokraten in der gemeinsamen Forderung nach Zurückdrängen des Staatsanteils gefunden; lauter bei den Freien Demokraten, leiser bei der CDU, die über ihre Sozialausschüsse durchaus der Verteilungsfunktion des Staates anhängt, eine Spätfolge der von öffentlich besoldeten Klerikern erdachten Soziallehre.

Wenn diese Polarisierung in zwei Lager in der Bundesrepublik erst in den letzten Jahren deutlicher wird, so hat das vor allem einen Grund. Die Politik in der Bundesrepublik war bis in die siebziger Jahre hinein tatsächlich durch einen rhetorischen Primat der Außenpolitik bestimmt, der – zumal bei stetigem Aufschwung der Wirtschaft – die gesellschaftspolitische Auseinandersetzung überlagerte und dominierte. Seit die Außenpolitik der Bundesrepublik nicht mehr prinzipiell zur Debatte steht, hat das gesellschaftspolitische Profil der Bundesrepublik die natürliche Priorität. So wird es auf einige Zeit bleiben. Es steht zu erwarten, daß die FDP und die Grünen jeweils als Ausrufungszeichen fungieren werden, welche die gegen-

sätzlichen Positionen von Christdemokraten und Sozialdemokraten dramatisieren. Das Auftreten einer rechten Enttäu-
schungsgruppe (zuerst mit einigem Erfolg in Bayern, dann
1989 mit herzhaftem in Berlin) hat das Bild nicht prinzipiell
verändert. Die Republikaner nehmen dem »rechten« Lager
Stimmen ab und machen sie, da sie dem Verfassungsspektrum
nicht zugerechnet werden, parlamentarisch unwirksam.

Das unpolitische Parlament

Seit einigem gehen wieder Reformwille und Reformgeist um im Bundeshaus. Es drängen sich Erinnerungen auf. Den bisherigen Projekten zur Parlamentsreform liegt ein klares Prinzip zugrunde: mehr Geld für die Abgeordneten! Mit Pathos sind mehrfach, um die Unabhängigkeit unserer Deputierten wirklich zu sichern, drastische Diätenerhöhungen begründet worden; zum guten Ende wurde eine vorzügliche Altersversorgung hinzugefügt, so daß die Bundesrepublik sich rühmen kann, mit den Vereinigten Staaten die am besten besoldeten Parlamentarier zu besitzen – und im Verhältnis zur Bevölkerung in Bund und Ländern die meisten dazu.

Unabhängigkeit ist aber nur *ein* Element parlamentarischer Würde und Effizienz; ein anderes ist die Chance zu vernünftiger Arbeit. Dafür wurde das Hochhaus am Rhein errichtet, um jedem Mitglied des Bundestages einen würdigen Arbeitsplatz zu verschaffen. Einem energischen Vorstoß jüngerer Abgeordneter verdanken wir endlich die Bewilligung von Assistenten: Jeder Abgeordnete kann sich aus dem Steuergeld einen halten. Nimmt man die traditionelle steuerrechtliche und strafrechtliche Privilegierung der Abgeordneten, die über alles in der Welt Übliche weit hinausgeht, hinzu, so können sich die Bürger der Bundesrepublik zu einer Ausstattung ihrer Parlamentarier beglückwünschen, die eigentlich eine erfreuliche Vitalität der Volksvertretung hätte erwarten lassen.

Doch leider ist der Bundestag, umgekehrt proportional zu seinen Selbstbewilligungen, kein besseres Parlament geworden. Ohne Übertreibung darf man sagen, daß der erste Bundestag besser war als der zweite, der zweite besser als der dritte, und so fort; und daß der Bundestag derzeit die Beachtung verdient, die er findet. Es wäre naiv, diesen Zustand individuellem Versagen anzulasten; zwar läßt sich beweisen, daß die Parteien immer mehr dazu neigen (und zwar in den unteren Gliederungen weit mehr als in den Parteileitungen), die zuverlässige Mittelmäßigkeit und die redliche Einfallslosigkeit zu bevorzugen, so daß die Jungen häufig undynamischer wirken als die Alten. Aber das kann die Lage unseres Parlamentarismus ebensowenig erklären wie die ziemliche Erfolglosigkeit aller bisherigen Reformen.

Von Reformen ist auch künftig keine gute Folge zu erwarten. Die Abgeordneten, von Irr- und Einzelläufern abgesehen, bleiben Interessen- und Parteivertreter, ob sie 5000 oder 15000 Mark im Monat beziehen. Assistenten und wissenschaftlicher Hilfsdienst mögen vorzüglich sein – sie werden nur vorzüglichen Männern nützen und können Politikern keinen politischen Kopf ersetzen, wenn er ihnen fehlt. Der Zwang zur freien Rede macht die Reden nicht besser, und allzu viele Änderungen der Geschäftsordnung haben nur der Hinterbänkler Lust an der administrativen Bagatelle gedient.

Wenn der Bundestag sich reformieren will, muß er politisch werden. Die Abgeordneten müssen die Hauptstadt Bonn zum Zentrum ihrer Existenz machen und nicht auf den Fahrplan schielen, ob sie den Zug in die Provinz noch kriegen. Der Bundestag muß das Ausschußwesen abbauen und viel mehr Plenardebatten ansetzen; er muß wiederentdecken, daß die Öffentlichkeit das erste Element der Demokratie ist und die Diskussion das zweite. Der Bundestagspräsident allein kann das nicht erreichen, zumal es gegen die Tendenz des Zeitalters geht. Überall sind die Parlamente auf dem Rückmarsch, die Regierungen im Vordringen und die Medien der öffentlichen Meinung auch. Überall ist die Neigung, Diskussion durch Demonstration und andere Formen des psychischen oder physischen Drucks zu ersetzen – Grund genug, an Parlamentarismus zu retten, was zu retten ist, auch wenn es noch mehr Geld kostet, auch unsinnig ausgegebenes, an Unwürdige ausgezahltes Geld.

Nationale Identität

Wenn man die anspruchsvollen Zeitungen und Zeitschriften in unserem Lande liest oder den ernsthaften Festreden hochgestellter Würdepersonen lauscht, muß man den Eindruck gewinnen, daß sich die Deutschen in der Bundesrepublik selber höchst problematisch vorkommen. Vor mehr als anderthalb Jahrhunderten stellte schon Ernst Moritz Arndt die Frage »Was ist des Deutschen Vaterland?«, um sie gleich im Sinne eines ausgreifenden romantischen Nationalismus zu beantworten, wobei ein Deutschland herauskam, das es politisch und staatsrechtlich nie gegeben hatte. Aber seine Frage ist geblieben – sie wird bloß nicht mehr beantwortet, sondern als ein Dauerzweifel an uns selber genußvoll hin und her gewälzt.

Meistens gruppiert sich die Diskussion, an der sich Historiker, Sozialwissenschaftler, Intellektuelle aller Triebrichtungen vornehmlich beteiligen, um die Begriffe »Nation« und »Identität«. Und beides gilt im Hinblick auf die Bundesrepublik Deutschland als dubios; eine Nation ist sie nicht, und eine nationale Identität hätten ihre Bürger auch nicht, was entweder klagend als Defizit ausgemacht oder als Mahnung und Verpflichtung für jetzige und künftige Generationen bezeichnet wird, die entweder das Nationale durch das Europäische überwinden oder die Nation durch das Abwarten irgendeiner Art von deutscher Einheit wiederherstellen sollen, derweil die nationale Identität in der Schwebe und uns als Thema erhalten bleibt. Dahinter steckt die mit Trauermiene verschleierte Lust an einem deutschen Sonderzustand – wir sind eben nicht wie die anderen, die sich um sich und ihr Schicksal keine tiefen Gedanken zu machen brauchen.

Das meiste daran ist Unfug, nicht grober, sondern feiner. Der öffentlichen Meinung der Deutschen sind die Deutschen problematisch, ihnen selber aber offenbar nicht, die von dem Luxusproblem »nationaler Identität« gar nichts wissen und es absonderlich fänden, wüßten sie davon; sie finden sich normal. In Wahrheit haben die Deutschen in der Bundesrepublik mit ihrer Identität weniger Kummer als je zuvor. Der Staat des Grundgesetzes ist von Flensburg bis Passau, von Aachen bis Braunschweig akzeptiert wie vordem noch keine gesamtstaatliche Organisation unserer Geschichte. Mehr als die Weimarer Republik, mehr als Preußen-Deutschland, mehr als das monströs gewordene Heilige Römische Reich und selbstverständlich mehr als der Staat des Hakenkreuzes. Das gleiche gilt für die Farben Schwarz-Rot-Gold und für alle wesentlichen Inhalte der Verfassung.

»Nation« ist eine Irrlichtsvokabel, die uns seit der Französischen Revolution beeindruckt, auf die aber in Deutschland nichts paßt und nichts je gepaßt hat. Sie ist unserer Tradition und unserem politischen Denken fremd geblieben, womit wir beileibe nicht allein stehen in der Welt. Die Amerikaner haben sich die Vokabel einverleibt, als sie schon ein Mischvolk waren, aber noch keine festen Grenzen hatten, meinen damit schlicht das Staatsvolk der USA und zerbrechen sich keinen Augenblick den Kopf über eine Flause wie »Kulturnation«, zu der in ihrem Fall noch ein wenig die Briten, aber gewiß die Kanadier (ohne Quebec!) gehören müßten, während wir die Vokabel bemühen, um einen unnötigen Dachbegriff für die beiden deutschen Staaten, Österreich (mit einem Fragezeichen) und die Schweiz (mit dreien) zu finden.

Man braucht nur um sich zu sehen: Die Bundesdeutschen bewegen sich wie selbstverständlich in ihrer Identität, zu der auch gehört, daß sie die Überflußprodukte ihrer intellektuellen Problemindustrie nicht beachten.

Liberal

Vor einiger Zeit verlangte die damalige Hamburger Kultursenatorin Helga Schuchardt vom Berliner Regierenden Bürgermeister, er solle den öffentlichen Auftritt einer abwegigen konservativen Vereinigung verbieten »um der Liberalität der Stadt willen«. Das ist eine merkwürdige Liberalität, die sich in Verboten der Manifestation anderer Gesinnungen kundtut. Die Anekdote ist ein Beleg unter vielen dafür, daß mit dem Begriff »liberal« in unserer politischen Sprache etwas nicht mehr stimmt.

Liberal im klassischen Sinne war, von Voltaire bis Rosa Luxemburg, die Achtung vor der Freiheit und dem Recht des Andersdenkenden; war die Überzeugung, die allen liberalrechtsstaatlichen Verfassungen zugrunde liegt, daß die Freiheit des einzelnen und der Gesellschaft prinzipiell unbeschränkt sei, die Macht des Staates dagegen prinzipiell beschränkt und legitim nur insoweit, als die freie Gesellschaft der Machtausübung zustimmt; liberal war die Forderung, daß nicht etwas darum für richtig zu gelten habe, weil es befohlen sei, sondern deshalb, weil Gründe und Argumente sich im öffentlichen rationalen Diskurs durchgesetzt hatten. Liberal war, mit dem Wort Immanuel Kants, die Vereinigung der Freiheit aller unter dem Gesetz. Daraus ergeben sich die Gegenbegriffe von liberal von selbst: intolerant, autoritär, doktrinär. Auch »ideologisch« gehört dazu, weil jede Ideologie als geschlossenes Überzeugungssystem ein gegenläufiges Denken kaum wahrnehmen und gewiß nicht als berechtigt anerkennen kann.

Von diesem wahren Begriff des Liberalen hat sich unsere Sprache weit entfernt. So tritt das Verlangen nach möglichst schrankenlosem Schwangerschaftsabbruch als liberale Forderung auf. Abgesehen davon, daß der unbegrenzte Schwangerschaftsabbruch, ja die Kindestötung, als gutes Recht der Sippe, Familie, Frau historisch gerade in hochkonservativen Gesellschaften geübt worden ist, könnte der freie Schwangerschaftsabbruch nur als liberal gelten, wenn dem Ungeborenen keinerlei Recht auf Leben zuerkannt wird. Geschieht dies aber, wie – mit höchst unterschiedlicher Gewichtung – in unserer Kultur, so wäre der Anspruch auf völlig freien Abbruch als Verneinung des Lebensrechts eines anderen entschieden illiberal. Illiberal war auch die kirchliche und staatliche Regelung, der zufolge die Schwangere ihr eigenes Leben notfalls für das künftige zu opfern habe – niemand kann rechtlich (wohl moralisch) verpflichtet sein, dem Recht eines anderen das Vorrecht gegenüber dem eigenen Recht einzuräumen, und kein Gesetz, das mit Menschenfreiheit in Übereinstimmung sein will, kann dergleichen befehlen.

Oder: Ist ein möglichst grenzenloses Demonstrationsrecht wirklich liberal? Ein Demonstrationsrecht ist nur so lange liberal, als es die Rechte der Nicht-Demonstrierenden, ihr Eigentum, ihre Bewegungsfreiheit, nicht überaus beschneidet. Die Demonstrationsfreiheit ist ein Ausfluß der Meinungsfreiheit, birgt aber, anders als die Redefreiheit, aufs handgreiflichste die Gefahr, Freiheiten anderer zu beeinträchtigen. Als die Pressefreiheit aufkam, richtete sich eine liberale Forderung gegen die Anonymität der öffentlichen Äußerung. Wenn schon jeder sich frei äußern durfte, so sollte auch jeder erfahren können, wer dieser Jedermann sei – auch um die eigene Freiheit schützen zu können. Und heute der Kampf gegen ein Vermummungsverbot als Ausfluß liberalen Denkens?

Der Liberale hat das Recht aller, das Recht des anderen wie sein eigenes, im Sinn; das Wort liberal eignet sich nicht als Mundfeuerwaffe gegen andere, gegen Andersdenkende schon gar nicht.

Der politische Skandal

Der politische Skandal hat seinen Grund im Interesse eines interessierten Dritten; von diesem empfängt er seine Kraft, von ihm wird er, wenn nicht ausgelöst, so doch begünstigt. Als Nutznießer ist er immer vorhanden und bemerkbar. Der interessierte Dritte ist »Dritter«, nicht förmlich Partei im Streit. Er ist weder Angreifer noch Beschuldigter. Der interessierte Dritte befindet sich in Opposition zum Machthaber, dessen Herrschaft durch den Skandal geschwächt, in Frage gestellt, beseitigt werden soll. Der interessierte Dritte mag selbst ein Machthaber sein, aber er ist im Verhältnis zum angegriffenen Machthaber in der Situation des Unterlegenen, des schwächeren Bewerbers; ein Ohnmächtiger ist der interessierte Dritte nicht.

Das Volk, die Öffentlichkeit, spielt im Skandal nur eine scheinbar aktive Rolle. Der Skandal beginnt durch die Entrüstung der öffentlichen Meinung, wie begrenzt diese Öffentlichkeit auch sei. Die Entrüstung schafft den Skandal: Durch ihre Entrüstung macht sich die Gesellschaft zum Instrument des Angriffs.

Die Entrüstung, mithin der Skandal, wird durch einen Tatbestand ausgelöst, dessen bloße Bekanntmachung als Anklage genügt. Es muß sich also um einen Tatbestand handeln, der Entrüstung spontan erzeugt; nur auf die Entrüstung kommt es an, nicht darauf, daß Gesetz und Moral gekränkt seien, doch fällt das gelegentlich zusammen. Ob die Bekanntmachung des auslösenden Tatbestandes auf wirklich gefühlte oder bloß geheuchelte Entrüstung trifft, ist gleichgültig: Die Wirkung ist dieselbe, denn es geht um die Selbstbestätigung einer öffentlichen Moral, nicht um das Gewissen oder die Zehn Gebote.

Die Entrüstung pflanzt sich durch die öffentliche Meinung fort und begründet den unwiderstehlichen Zwang weiterzumachen, dem alle unterliegen durch das Verbot, sich zu beruhigen, durch die Pflicht, die Empörung zu steigern, bis sie zur Verfolgung eines Opfers ausreicht. Wer sich ausschließt von der Entrüstung, wird des geheimen Einverständnisses mit der Untat verdächtig.

Das Opfer des Skandals wird immer gefunden; ohne seine Ritualschlachtung, die nicht den Verlust der physischen Existenz bedeuten muß, kann der Skandal nicht beendet werden. Allerdings braucht das Opfer nicht mit dem Schuldigen identisch zu sein. Nicht selten besteht die Kunst der Mächtigen, an deren Festung der Skandal brandet, gerade darin, rechtzeitig das Opfer zu bestimmen. Sie tun das vielleicht, um den Schuldigen zu schonen, aber immer, um die Herrschaft im ganzen vor dem Angriff zu retten. Die Bestimmung des Opfers geschieht in der Weise, daß einer fallengelassen, nicht mehr gedeckt, zum Abschuß freigegeben wird, wie die gängigen Ausdrücke lauten. Es rast das Volk und will sein Opfer haben: Es ist ein Ausweis guter Regierungstechnik, den richtigen Zeitpunkt für die Opferung zu erkennen und das richtige Opfer zu wählen, nämlich kein zu kleines, das der Entrüstung nicht genügen, kein zu großes, das den Machthaber schwach und verwundbar zeigen würde.

Es gehört zum Charakter des Skandals, daß das Opfer keinen Verteidiger findet, daß jeder an der Entrüstung teilnimmt und also die Rolle des Anklägers spielt, die mit der des Richters zusammenfällt. Das Urteil nämlich lautet, wenn ein Skandal einmal ausgebrochen ist, immer und von vornherein auf Ächtung und Bann; Freispruch gibt es nicht. Die Nachspiele, die staatliche Organe vollziehen, sind nur Aufräumungsarbeiten und haben mit dem Skandal als einem politischen Phänomen nichts mehr zu tun. Die Aufklärung des Sachverhalts ist gar nicht vonnöten und interessiert meist niemanden mehr.

Inländerfeindlichkeit

Unser Talent, uns von Anführern, die wir selber bezahlen, beschimpfen zu lassen, wird immer wieder erprobt: Ausländerfeindlichkeit! Tatsächlich handelt es sich bei dem globalen Vorwurf um eine Lüge, verbreitet von Politikern, Prälaten und Volkserziehern der öffentlichen Medien, die aus dem schlechten Gewissen der anderen sich selber ein gutes machen und sich auf Kosten ihrer Landsleute Prestige verschaffen wollen.

Ausländerfeindlichkeit gibt es nicht – weder gegen Touristen noch gegen italienische, spanische, jugoslawische Gastarbeiter. Es gibt Sorgen in den Wohnquartieren, die sich von der Überzahl von Türkenfamilien bedroht fühlen – in ihrer Lebensart, der Qualität der Schulen. Es gibt hier und da den Affekt gegen US-Soldaten, wo sie massiert auftreten und das Untersichsein der Inländer gefährden; Drogenhandel, Prostitution und die sprachliche Lernfaulheit der Amerikaner tun das übrige. Da fallen Unfreundlichkeiten vor, über die sich jene im Brustton erregen, die nicht betroffen sind und die den Ausländern recht geben, die nicht zur geringsten Anpassung an ihr Gastland bereit sind.

Ausländerfreundlichkeit hingegen ist ausgeprägt. Von den Sendungen für Gastarbeiter, den Behörden- und Betriebsleitfäden in ihren Sprachen, den Rücksichten auf ihre Schulkinder, den Karrieremöglichkeiten (zum Beispiel türkische Steiger als Vorgesetzte deutscher Bergleute) bis hin zur Neigung unserer Polizei, Ausländer in vielen Situationen zu bevorzugen. Und wie geht das Ausland mit den Ausländern um? Über die Behandlung deutscher Krimineller in der Türkei ist kein Wort zu verlieren, wohl aber über die Massenausschreitungen gegen Westinder in Großbritannien, über die Behandlung der Mexikaner und Puertoricaner in den USA, über die Fremdenfeind-

lichkeitsbewegung in der Schweiz ebenso wie über die Lebens-
bedingungen der Nordafrikaner in Frankreich, das ein toleran-
tes und liberales Land ist – wenn man Französisch kann. Ein
Vorschlag, wie er bei uns regelmäßig auftaucht – Ausländern
das politische Wahlrecht zu verleihen –, wäre bei demokratisch
gut fundierten Nationen undenkbar. Bei uns wird darüber
ernsthaft diskutiert, vor allem von Schlaumeiern, die sich für
die eigene Partei Zuzug versprechen.

Auch demoskopisch ist Ausländerfeindlichkeit nicht belegt.
Selbst Arbeiter, die gegen Türken allgemeine Bedenken äußern, bekunden, daß sie ihren türkischen Kollegen mögen. Die
amerikanische Demoskopie hat die gleisnerische Auskunft er-
mittelt, daß man nichts gegen Fremde habe – aber mit ihnen zu
tun haben will man nichts.

Leider sind manche Ausländer unglücklich in der Bundesrepublik. Leider manche Deutsche auch.

Wenn Feigheit regiert

Ein aufgeregter oder unerzogener Mensch beschimpft eine Politesse: Dann muß er mit einer Geldstrafe von vielleicht 1500 Mark rechnen. Ein raffinierter Jugendlicher im Kaufhaus verzichtet aufs Bezahlen und wird ertappt: Dann wird er angezeigt und erfährt Unannehmlichkeiten, die das Gesetz für seine Übeltat bereithält. Wenn hingegen ein paar hundert Menschen sich zusammenrotten und die Polizei nicht nur gröblich beschimpfen, sondern mit Stock und Stein angreifen, widerfährt ihnen eine gänzlich andere Behandlung als den Einzeltätern – ebenso ergeht es den Plünderern.

Was im Einzelfall strafwürdig ist, ist es in der Vielzahl offensichtlich nicht. Die Vielzahl ist nicht nur technisch privilegiert, weil Feststellungen schwieriger zu treffen, Festnahmen mühsamer zu bewerkstelligen sind, sondern politisch: Wenn ein entschlossener Trupp nicht bloß Unrecht begeht, sondern die rechtsfeindliche Gesinnung förmlich proklamiert, kann er auf die volle Milde der Obrigkeit rechnen. Greift die Polizei aber einmal ein, wird sie von der Justiz im Stich gelassen; wird diese einmal energisch tätig, von den Verantwortlichen der Politik.

Der Staat will nicht mehr wahrhaben, daß er Feinde hat, und muß darum selbst die offene Feindseligkeit in eine Äußerung des Protestes gegen wirklich vorhandene Übelstände umfälschen. Es tritt dann der Randgruppenmechanismus in Aktion, die fürsorgerischen Instinkte der Gesellschaft sollen in vielfältiger Betreuung und Zuwendung aufgeregt werden. Die Medien bemächtigen sich ihrer, dankbar für ein neues soziales Problem, mit dem sie sich spreizen können. Die Rabauken selber, die ohnedies am liebsten zugleich Revolutionäre und Parasiten der Wohlstandsgesellschaft sein wollen, nehmen dieses Verhalten als den ihnen zustehenden Tribut entgegen – bis zum nächsten Anlauf, bis zur nächsten Aktion.

Auf der einen Seite steht bei uns der überwältigend große, bestandserhaltende Teil der Gesellschaft, der sich rigoros reglementieren und bürokratisch überwachen läßt und der zu seinem Wohlbefinden wie zu seinem Funktionieren Ruhe und Frieden braucht. Ihm gegenüber operieren in fast rechtsfreien Territorien marodierende Gruppen, die dieses Friedensbedürfnis als Schwäche erkannt haben und ausnutzen. Sie können stören und Unruhe stiften, weil die Gesellschaft beinahe alles hinnimmt, wenn sie nur wieder eine Zeitlang Ruhe geben. Eine Gesellschaft, deren Erpreßbarkeit schon rituellen Charakter angenommen hat, riskiert mit jeder Erpressung mehr, in die sie um des lieben Friedens willen einwilligt, daß sie gerade damit ihren Rechtsfrieden und ihre Rechtssicherheit ruiniert.

Führungskräfte für die Politik gesucht

Auf der Bundesebene fehlt es an qualifiziertem politischen Personal. Wie jede große Debatte belegt, sind die Regierungsfraktionen nicht in der Lage, eine parlamentarische Diskussion ohne fortwährenden Rückgriff auf die Regierungsbank durchzuhalten. Aber auch auf der Regierungsbank sitzen Personen, deren Namen sich der Gewissenhafteste kaum einprägen kann. Das Gedächtnis weigert sich, Namen und Taten mancher Stelleninhaber zu speichern. Nach jeder Legislaturperiode sind angesehene, ansehnliche Parlamentarier ausgeschieden; ein Aufstieg gleichrangiger jüngerer Personen hat dagegen kaum stattgefunden.

Wenn die Bonner Parteiführer von rechts und links den Blick über den Plenarsaal hinaus erheben und im Lande nach Personen Ausschau halten, die für Bonner Würden geeignet scheinen, treffen sie auch nur auf wenige Namen. Die Parteiführungen haben es für demokratisch gehalten, daß nicht sie sich um den politischen Nachwuchs zu kümmern haben, sondern die sogenannte Basis, der Ortsverein, die Kreispartei. In anderen Ländern gilt das nicht als demokratisch, sondern bloß als töricht. Das politische System sorgt dort durch die unterschiedlichsten Verfahren dafür, daß fähige junge Leute, die nicht nur ein umgrenztes Interesse oder eine Lokalität repräsentieren können, in politische Positionen aufsteigen. Bei uns hat die Delegation der Sorge um den Nachwuchs an die Parteiebene mit der kleinsten Aufgabe und oft nicht größerem Horizont bekanntermaßen eine doppelte Konsequenz: die Ochsentour und die leichte Manipulierbarkeit der Kandidatenwahl.

Ochsentour heißt, daß jemand sich heraufdienen muß, jahrelang langweilige Sitzungen hinter sich bringt, lästige Gespräche führt, sich mit Angelegenheiten befaßt, die gerade nicht die sind, derentwegen es ihn in die Politik zieht. Wer dieses mühsame Bohren durch dicke Bretter heil übersteht, wird entweder ein ganz außergewöhnlicher oder ein ganz gewöhnlicher Mensch sein, ohne große Karriereaussichten anderswo. Die leichte Manipulierbarkeit ergibt sich daraus, daß bei den kleinen Wahlgremien mit einem großen Prozentsatz uninteressierter und parlamentarisch unerfahrener Mitglieder Mehrheiten durch Sammelbeitritte und Geschäftsordnungstricks leichter organisiert werden können, als es dort möglich wäre, wo der Wille einer politischen Führung eine größere Versammlung anleitet.

Das deutsche Verfahren, das politische Personal auszuwählen, wird besonders gefährlich in einer Situation, die den Typ des jungen Berufspolitikers begünstigt, der von vornherein seine Karriere in der Politik sucht wie andere in der Beamtenlaufbahn. Junge Berufspolitiker in Gestalt von Jungakademikern, vorzüglich solcher Disziplinen, die das progressistische Geschwätz lehren, sind anderen Bewerbern gegenüber im Vorsprung, weil sie bis ins gehobene Lebensalter mit staatlichen Grundbezügen rechnen können, für die der Staat eine Gegenleistung nicht erwartet. Sie können ihre Energie fast unbelastet dem politischen Fortkommen widmen, was einem jungen Berufstätigen in der Regel verwehrt ist. Das hat die kuriose Folge, daß die SPD, die ihrer eigentlichen Idee nach ja Arbeiterpartei ist, von jungen radikalen Intellektuellen bequem unterlaufen werden kann.

In der CDU/CSU, zu der sich dieser Personenkreis nicht recht hingezogen fühlt, dominiert dagegen weiterhin Biedermännisches, wenngleich auch dort die jüngeren Aufsteiger zunehmen, die das Erlernen und Ausüben eines richtigen Berufes als Zeitverschwendung bei der politischen Karriere ansehen.

Konrad Adenauer, der schon einen Mangel an Führungskräften wahrnahm und sich um tüchtigen Nachwuchs sorgte, hatte einst eine »Bundesliste« vorgeschlagen, die es den zentralen Organen einer politischen Partei ermöglichen sollte, wenigstens einen geringen Anteil der Parlamentsmitgliedschaft nach übergeordneten Gesichtspunkten zu vergeben. Mit diesem Vorschlag ist er zwar gescheitert. Aber das Thema hat sich damit nicht erledigt, im Gegenteil, es ist seit Adenauers Zeit drängender geworden.

Sehnsucht nach Mitteleuropa

Zu Adenauers Zeit hätte diese Frage niemand gestellt, und es wäre niemand darauf gekommen, daß sie noch einmal gestellt werden könnte. Aber heute drängt sie sich auf. Nicht, als ob es bei uns im Lande prokommunistische Tendenzen gäbe, als ob viele eine offizielle Neutralität zwischen Ost und West wollten oder mit dem liberalen Grundgesetz und der Marktwirtschaft unzufrieden wären.

Aber es gibt eine (sich für interessant haltende) Tendenz in der öffentlichen Meinung, in den Parteien, ja selbst in der Bundesregierung, der zufolge wir eben nicht eine selbstverständlich westliche Macht wie die anderen sind, sondern ein Staat, der Brücke oder Mitte, jedenfalls etwas anderes und Besonderes ist oder sein sollte.

Weltpolitische Initiativen der Sowjets haben, besonders seit Gorbatschow, eher die Chance des freundlichen Gehörs als amerikanische. Die Europäische Gemeinschaft, deren Hauptbetreiber wir einst waren und die uns überwiegend Gutes gebracht hat, gilt allmählich nur noch als lästig; mancher Hochrangige gar erweckt gern den Eindruck, als sei ihm Honecker als Verbündeter wichtiger als die Verbündeten, auf denen die deutsche Freiheit beruht.

Das hat nicht nur mit der längst von aller Welt als neurotisch diagnostizierten Sehnsucht der Deutschen nach einem Frieden zu tun, den sie seit mehr als vierzig Jahren genießen und der ohne Beschädigung der Sicherheit in der Abrüstung stabilisiert werden kann. Es gibt ein heimliches Heimweh nach der alten Mitteleuropa-Funktion Deutschlands, ein Unbehagen am Rationalismus des Westens, einen bei faktischer Kriecherei in den Köpfen spukenden Hochmut, ein moralisch überlegenes Drittes zwischen Ost und West zu sein.

Nun sind wir in der Tat in einer politischen Hinsicht etwas Besonderes, nämlich wegen der Teilung und der nicht aufgebbaren Hoffnung auf Wiedervereinigung. Es ist das Ziel unserer Politik, die Teilung Deutschlands, die, gescheitert, noch weiter besteht, zusammen mit der Aufteilung Europas zu überwinden, wofür aber gerade die Zugehörigkeit zum Westen die erste Voraussetzung ist.

Es paßt ins Bild der Mentalreservation gegenüber dem Westen, daß die Bundesregierungen, gleich welcher Couleur, so behend mit der Auskunft zur Stelle sind, das Grundgesetz verbiete es, ein Kontingent der Bundeswehr etwas weiter weg für ein westliches Gemeinschaftsvorhaben aufzubieten. Die Verfassung verbietet das keineswegs, nur die offizielle Lesart; die GSG 9 des Bundesgrenzschutzes hätte die Heldentat von Mogadischu nicht vollbringen können, wenn eine analoge Lesart des Gesetzes vorgezogen worden wäre.

Es war gut, daß die Bundesmarine Schanghai besuchte und andere Häfen, die mit der Nato nichts zu tun haben, und sich von dem politisch wie militärisch dilettantischen Geleitschutz im Persischen Golf fernhielt, doch bleibt der Einsatz der Bundeswehr ein psychologischer Test. Noch nie – mit Ausnahme des Boxeraufstands in Peking – haben deutsche Soldaten zusammen mit Amerikanern, Franzosen, Briten etwas Ernsthaftes unternommen, sondern nur gegen sie gekämpft.

Bleiben wir Bündnispartner in Reserve, im Westen auf Abruf? Nein, es ist nur ein Heimweh nach einer gar nicht alten Zeit, die gar nicht gut gewesen ist. Träume von Leuten, die gerne Preußen und groß wären und die es schmerzt, daß sie beides nicht sind.

Besserverdienende

Die christlich-liberale Bundesregierung hat einigermaßen wehr- und gedankenlos eine Reihe von Vokabeln aus dem Wortschatz der Sozialliberalen übernommen, darunter das Wort von den »Besserverdienenden«. Das ist ein Neid- oder Hetzwort, dazu ausgedacht, eine Personengruppe auszusondern, die man für die Erhaltung der sozialen Besitzstände der anderen haftbar machen will. Mit ihm will man den sozial Schwächeren einreden, bei den Sparmaßnahmen sei soziale Gerechtigkeit am Werk, und zugleich den Einkommensstärkeren ein schlechtes Gewissen im Hinblick auf ihre Mitbürger aufbürden.

Das Wörtlein war gut ausgedacht, weil es noch einen Schuß Milde enthält – man hätte ja auch »Besserverdiener« sagen können. Das war auch nötig, weil man ja nicht nur Großverdiener schröpfen wollte, die zahlenmäßig zuwenig hergeben, sondern auch die mittleren und gehobenen Einkommen bis zu dem des fleißigen Facharbeiters erfassen mußte. Das sprachliche Manöver ist geglückt; den nur mäßig Besserverdienenden war am Ende nicht aufgefallen, daß sie weiterhin für die Finanzierung einer unklugen Entwicklungspolitik etwa oder der Besoldung von Studenten aufkommen sollten, die nach ihrer kostenlosen Ausbildung ein Vielfaches von dem verdienen würden, was ihnen selber im Berufsleben gegönnt ist.

Daß der Bundesregierung unter Helmut Kohl und der sie tragenden Parlamentsmehrheit bei der Übernahme der Wendung von den Besserverdienenden kein Licht aufgegangen war, findet seine leichte Erklärung darin, daß sie, bei allem ehrlichen Willen zur Marktwirtschaft und der tatsächlich eingeleiteten wirtschaftspolitischen Wende, von dem sozialen Affekt nicht frei sind, der die Herabsetzung der Besserverdienenden trägt. Vergröbert gesagt: Die deutsche Politik wird gemacht von Leuten, die zum normalen Wirtschafts- oder Berufsleben in ihrer großen Mehrheit keine eigene Beziehung haben und den Zusammenhang zwischen Lohn und Leistung nicht aus eigener Erfahrung kennen. Bekanntlich sind in den Parlamenten die Angehörigen des öffentlichen Dienstes überproportional vertreten, zu ihnen stößt eine von Wahlperiode zu Wahlperiode wachsende Zahl von professionellen Politikern, die vielleicht einen normalen Beruf erlernt, ihn aber so gut wie nie ausgeübt haben, und die ihr Leben und ihr physisches Überleben einer rein politischen Karriere verdanken. Natürlich gehören sie als Abgeordnete oder Minister selber zu den Besserverdienenden, aber gerade das verschafft ihnen das dumpfe Gefühl, daß ein Einkommen nicht auf Erfolg und beruflicher Leistung beruht, sondern daß es vom Staat zugeteilt oder durch Parlamentsbeschluß selbst bewilligt wird.

Dieser Denkweise ist es anstößig, daß jemand in der freien Wirtschaft die Chance hat, mehr zu verdienen als sie selber. Umgekehrt ist es dieser Denkweise ganz natürlich, davon auszugehen, daß der Staat mit den Einkünften aus privatwirtschaftlicher Quelle nach Belieben umspringen kann – nach einer geheimen und unausgesprochenen Maxime: Was der Staat nicht gibt, das kann vom Staat weggenommen werden. Für die Zukunft einer freien Volkswirtschaft ist es unentbehrlich, daß die kleine Schar der von der Politik unabhängigen Politiker, die beim Wegfall ihres Mandats nicht gleich als Habenichtse oder Schlechterverdienende abstürzen, also die wenigen Vertreter der Unternehmer, der freien Berufe, der ordentlich Ausgebildeten, künftig vergrößert werde. Wo keine im wahren Sinne »Besserverdienenden« mitregieren, wird auf Dauer kein Mensch mehr auskömmlich oder gut verdienen können.

Mündige Bürger

Die Bundesrepublik ist das Land der »mündigen Bürger«, die sonst in keiner anderen politischen Sprache vorkommen. »Mündige Bürger« ist eine Lügenvokabel, die immer gebraucht wird, wenn es darum geht, die Bevormundung der Wähler zu bemänteln.

Dieselben Politiker, denen der Mut fehlt, gegen Gewalttäter ein Vermummungsverbot durchzusetzen, die tatenlos zusehen, wie die Demonstrationsfreiheit einer Minderheit die Bewegungsfreiheit der Mehrheit einschränkt, führen den »mündigen Bürger« im Munde, während sie die Freigabe der Ladenöffnungszeiten torpedieren, Geschwindigkeitsbegrenzungen auf den Autobahnen fordern oder ihm private Fernsehprogramme vorenthalten und seinen Kindern ideologisch präformierte Einheitsschulen mit gewerkschaftlich approbierten Unterrichtsinhalten oktroyieren.

Offenbar ist der Bundesbürger in den Augen der ihn kujonierenden Amtspersonen, die Volksvertreter und Volksbeherrscher für Synonyme halten, ein zu Unvernunft und Lasterhaftigkeit neigendes Wesen, das vor sich selber von einer väterlichen Obrigkeit beschützt werden muß, die sehr viel besser weiß als er selbst, was ihm guttut und wie er seine Freiheit recht gebrauchen soll.

In unserem Grundgesetz sieht der Bürger freilich anders aus; da ist seine Menschenwürde zu achten und ihm die freie Entfaltung der Persönlichkeit zu gestatten, er darf sich sogar frei und ungehindert informieren.

Tatsächlich haben wir nur ein schwach ausgeprägtes Bewußtsein der eigenen Rechte und Freiheiten – welcher sonst aufrechte Deutsche tritt schon der Polizei oder der Finanzbehörde mit dem Selbstbewußtsein des Steuerzahlers und Wahlbürgers gegenüber? Wir haben auch keine Organisation, wie die American Civil Liberties Union, die über die allgemeinen Freiheitsrechte wacht.

Wir wehren uns, wenn es um Sonderinteressen geht, um Zuschüsse, Steuervorteile, soziale Besitzstände, aber die Freiheiten, an denen alle teilhaben, finden keinen gesellschaftlichen Anwalt. Parteien und Verbände, Kirchen und Gewerkschaften sind Advokaten der allgemeinen Freiheit nur gelegentlich und zufällig, immer dann nämlich, wenn eine Freiheitseinschränkung mit dem Verbandsinteresse praktisch oder ideell kollidiert.

Der »mündige Bürger« wird von den Politikern verhätschelt, weil sie ihn nicht fürchten. Wenn sie Angst vor ihm hätten, würden sie, eben weil er mündig geworden ist, aufhören, ihn so zu nennen.

Gronservativ

Der Tatbestand, den das Kunstwort andeuten soll, ist die seit einiger Zeit deutlicher als vordem auftretende Weigerung der Wählerschaft, sich in die überkommenen, von den traditionellen Parteien vorgegebenen Schemata einzuordnen, und die entsprechend gewachsene Bereitschaft in den politischen Gesinnungen, Kombinationen herzustellen, die in der parlamentarischen Praxis als nicht kombinierbar gelten.

Man hat erstmals besonders deutlich bei der nordrhein-westfälischen Kommunalwahl von 1984 feststellen können, daß es nicht nur wie immer schon Wählerwanderungsbewegungen zwischen benachbarten Parteien gibt – von der CDU zur FDP, von der SPD zu den Grünen und umgekehrt –, eine Wanderungsbewegung wie auch in der Vergangenheit zwischen den beiden großen Parteien, sondern daß auch Wanderungen von der CDU zu den Grünen stattfinden, also, wenn man parteiamtlicher Lesart folgen wollte, vom einen Ende des politischen Spektrums zum anderen. Eine analoge Erfahrung kann jeder machen, der sich häufiger mit seinem Nächsten auf politische Gespräche einläßt. Da ist einer gegen die Nachrüstung und für ein rigoroses Abtreibungsverbot, ein anderer für Stoltenbergs Konsolidierungspolitik und gegen die Atomenergie, ein Dritter ist Wirtschaftsliberaler mit grellgrünen Umweltschutzvorstellungen. Grün und konservativ, gronservativ also, was als Sammelbezeichnung für ineinanderfließende Überzeugungen verschiedensten Ursprungs herhalten mag.

In anderen Ländern mit großen Volksparteien ist es beinah immer schon so gewesen, daß die Wähler nicht ihrer Partei ein verschnürtes ideologisches Paket abkauften, sondern es sich selbst zusammenstellten. Sogenannte Grundsatzprogramme, um die deutsche Parteien zu ringen pflegen und die gewissermaßen ein geschlossenes christdemokratisches oder sozialdemokratisches Welt- oder Menschenbild entwerfen sollen, hat es in Amerika oder England nie gegeben; das Verlangen danach wäre auch sofort im allgemeinen Gelächter untergegangen. Die Gesinnungsblöcke haben dort auch nie eine monumentale Beschaffenheit erreicht, sondern blieben im Zustand des Halbflüssig-Gallertartigen. Ihre Wählerschaft haben sie regelmäßig durch einen schlichten politischen Grundgedanken mobilisiert, aber darauf verzichtet, ihre Anhänger ideologisch in die Pflicht zu nehmen; sie haben es auch meistens verstanden, divergierenden Stimmungen des eigenen Lagers dadurch Ausdruck zu geben, daß sie eine ausgeprägte Exzentrizität ihres politischen Personals zuließen.

Bisher haben sich bei uns die großen Parteien gegenüber dieser Emanzipation der Wähler ganz hilflos gezeigt. Wie zwei graue Kieshaufen lagern ihre beiden großen Fraktionen im Parlament, für das interne Knistern und Knirschen interessiert man sich sowenig wie für die staubige Rhetorik, die sich über ihnen erhebt. Natürlich kann nicht für jede politische Gesinnungskombination in einem Kopf eine eigene Partei bereitgestellt werden, aber die Parteien können ihr politisches Ganzheitsideal preisgeben. Sie sollten nur noch Prosa feilbieten, die wenigstens eine entfernte Chance hat, politische Praxis zu werden, und sie sollten nicht nur ihre dumpfen Biedermänner vorzeigen, sondern Talente zulassen, die Segmente der Wählerschaft an sich binden können. Sonst bleibt die Mehrheit der Gronservativen am Wahltag zu Haus.

Zweitklassig

Wirtschaftlich sind wir ein Riese, aber politisch ein Zwerg, hört man seit Jahren deutsche Politiker klagen. Sie meinen das ganz ehrlich, denken auch nicht an den Zwerg im Märchen, der den Riesen durch Klugheit und List regelmäßig besiegt wie David den Goliath, und denken schon gar nicht daran, daß, wer zweitklassig auftritt, auch mit Recht der zweiten Klasse zugezählt wird.

Es ist schon einige Zeit her, da waren bei den Vereinten Nationen in New York im Übertragungssystem noch ein Kanal und ein Knopf für eine weitere Konferenzsprache frei. Die deutsche UN-Vertretung bemühte sich darum, Deutsch als UN-Sprache einzuführen – kein unsinniges Vorhaben, denn wir gehören zu den großen Zahlern und hätten die Unterstützung Österreichs und der DDR finden können. Aber in Bonn hatte man die rechte Traute nicht; inzwischen ist die letzte Leitung besetzt. (Übrigens ist der Mangel an sprachlichem Selbstbewußtsein nicht auf die Politik beschränkt – immer wieder hört man Deutsche auf Konferenzen mit zugelassener deutscher Verhandlungssprache englisch reden, in der meist irrigen Meinung, daß sie sich in dieser Sprache gut auszudrücken verstünden.)

Es war gleichfalls vor einer ganzen Weile, daß von neutraler Seite bei den UN ein Antrag auf Erweiterung des Sicherheitsrats eingebracht wurde. Dem wichtigsten Organ der Weltorganisation gehören als ständige Mitglieder nur Vertreter der Sieger von 1945 an: die USA, die UdSSR, Frankreich, Großbritannien (dazu China). Nun würde einer realistischen Gewichtung der Weltsituation die Hereinnahme Japans und der Bundesrepublik zweifellos entsprechen. So hatte das Auswärtige Amt sich entschlossen, auf den Antrag mit Enthaltung zu rea-

179

gieren, daß man der Erweiterung nicht ablehnend gegenüberstehe, doch auch nicht gleich Forderungen gegen die eifersüchtigen Siegermächte erhebe. Als dies ruchbar wurde, griff der damalige französische Außenminster Jean François-Poncet zum Telefon und forderte unter Hinweis auf die völlig außerhalb des Sachverhalts liegende westliche Verantwortung für Berlin, daß die Bundesrepublik gegen den Antrag stimme. In diesem Sinne erging dann Gegenweisung des deutschen Außenministers. Zu einer öffentlichen Blamage kam es nicht, weil die finnische Delegation die Absetzung des Antrags erreichte. Der Ausgang entbehrt nicht der Logik: Wer so mit sich umspringen läßt, hat im Sicherheitsrat nichts zu suchen.

Ein drittes Beispiel aus der Geschichte der UN bieten die berühmten Feindstaatenklauseln. Als die Bundesrepublik (zusammen mit der DDR) aufgenommen wurde, gab es eine Diskussion über die Artikel 53 und 107 der UN-Satzung, die die ehemaligen Feindstaaten von den UN ausschließen und ihnen die Berufung auf die Charta vorenthalten. Richtig wäre es gewesen, darauf zu bestehen, daß diese diskriminierenden Klauseln mit dem Beitritt gestrichen würden. Statt dessen hat die Bundesregierung sich mit Zusicherungen der Alliierten begnügt (und einer besonders schwächlichen Erklärung des sowjetischen Außenministers) und behauptet seitdem, daß die Feindstaatenklauseln politisch nicht mehr existierten. Ja, warum stehen sie dann noch im Text?

Gleiche Geschichten lassen sich vom deutschen Auftreten in der Nato erzählen und von überall, wo nicht die wirtschaftliche Macht von selber wirkt. Unsere Politiker wollen zu Hause allmächtig sein und draußen am liebsten Touristen, freundliche, wohlgelittene kleine Leute. Kleine Leute machen keine große Politik.

Kleinkrämer

Industriestandort Bundesrepublik – mit viel Berechtigung und noch mehr Weinerlichkeit wird das Thema erörtert: finanzpolitische Rahmenbedingungen schlecht, hinderliche Sozialgesetzgebung und Arbeitsrechtsprechung, hohe Lohnnebenkosten, fortschrittsfeindliche Gewerkschaften, ein Klagelied ohne Ende. Abgesehen wird bei alldem von dem großen Exporterfolg, von dem immerhin vorhandenen Wachstum ohne Inflation, dem großen Modernitäts- und Rationalisierungsschub, der von der üppigen Sozial- und Tarifpolitik erzwungen wurde (und uns eine hohe Arbeitslosigkeit eingebracht hat).

Es ist aber richtig, daß die Gesellschaft der Bundesrepublik sich in einer Verfassung befindet, die nicht nur für die Zukunft ihres Industriestandorts Negatives befürchten läßt. Denn die genannten Stichworte bezeichnen nur Symptome für einen allgemeinen Tatbestand – Politik und Gesellschaft haben es sich seit einigen Jahren schon auf dem Rastplatz der Geschichte bequem gemacht. Wir wollen eigentlich gar nichts mehr, außer möglichst anstrengungslosen Zuwachsraten.

Diese Kleinkrämergesinnung, die sich in der Temperamentlosigkeit aller Lebensverhältnisse ausdrückt, vertritt sich selbst mit dem feisten guten Gewissen. Über den Bau der Concorde haben wir einst nur (Bringt ja nichts! Leere Prestigepolitik!) gelächelt, für das europäische Weltraumprogramm möchten wir freiwillig keine Mark herausrücken, die Europa-Rakete Ariane ist unter unserem mißgünstigen Mißtrauen zu einem Erfolg geworden, der revolutionierte Finanzplatz London bringt unsere Behäbigkeit nicht außer Tritt. Der Airbus kostet bloß Geld, der Flugzeugmarkt sollte doch Boeing überlassen werden. Wenn Daimler-Benz sich mutig für eine globale Konkurrenz rüstet, wird das Kopfschütteln im Chor geübt wie

sonst das Schunkeln beim Karneval. Selbst wenn Deutsche aus
der DDR mit einem Heißluftballon oder auf ähnlich abenteuer-
lich-ideenreiche Weise zu uns flüchten, ruft die ganze Welt:
Famos! Doch der Kleinkrämer bleibt bedenklich. Ja, der bloße
Bau eines Wolkenkratzers ruft den Protest von Bürgern hervor, die selbst im Stadtkern eine ländliche Idylle der Urbanität
vorziehen. Und lieber läßt man die Bundeswehr vor sich hin
vegetieren, funktionslos, wie es aussieht, statt sie an Friedens-
aktionen zu beteiligen, die ihr ein Ansehen geben könnten.

Ein junger Deutscher wird daran gewöhnt, ja er wird dazu
erzogen, daß Wagemut, Abenteuerlust, Unternehmungsgeist
nur als Schlagwörter für die Freizeitgestaltung ihr Recht haben,
aber keinen Platz in der Wirtschaft oder im beruflichen Leben.
Wenn irgendwo eine zündende Idee aufträte, kämen die Kleinkrämer von allen Ecken herbeigeeilt, sie zu löschen; sie stört ja
nur. Wie eine Jugend ihre eigene Zukunft soll bewältigen können, der alle Horizonte zugestellt und alle überindividuellen
Zwecke lächerlich gemacht werden, ist ganz unerfindlich.
Vordem gab es noch einen Enthusiasmus für Europa, für die
Wiedervereinigung, auch für individuelle Freiheit. Heute gibt
es gar keinen mehr. Jede Aufwallung, jede Emotion gilt als
verdächtig. Das ist Politik aus dem Bauch! rufen alle diejenigen, die nur ihrem Bauch leben.

Ruhe ist das erste Bürgerrecht! Wer so denkt, wird sie nicht
lange genießen.

Arbeitgeber – geheime Genossen des DGB

In jedem Frühjahr wiederholt sich in der Bundesrepublik Deutschland das gleiche Ritual: die Tarifrunde. Die Gewerkschaften treten mit großem publizistischen Getöse, Demonstrationen und Warnstreiks für echte oder vorgebliche Interessen der Arbeitnehmer ein. Ihnen erwidern mannhaft die Sprecher der Arbeitgeberverbände mit dem immer gleichen Argument, daß nämlich die Erfüllung der Gewerkschaftsforderungen die deutsche Volkswirtschaft in höchste Gefahr bringe und die ohnedies im Vergleich zum Ausland strapazierten Unternehmen ihre Wettbewerbsfähigkeit nach außen und nach innen einbüßten.

Dann setzen sich die Tarifparteien, die sonst als »Sozialpartner« firmieren, zu tage- und nächtelangen Konferenzen zusammen, die zuweilen dramatisch unterbrochen, dann unter surrenden Fernsehkameras wiederaufgenommen werden, und produzieren am Ende ein Ergebnis, das in aller Regel vorhersehbaren Charakter hat: unter der Forderung der einen und über dem Angebot der anderen Seite.

In Wahrheit bilden schon seit Jahrzehnten die Tarifparteien eine geheime große Koalition, die das wirtschaftliche Leben in unserem Land regiert – vollkommen unabhängig von der politischen Kombination, die angeblich in Bonn das Heft in Händen hält. Durch die Tarifautonomie fühlen sich die Sozialpartner zu Verträgen zu Lasten Dritter legitimiert, die unserem Recht fremd sind: Die Folgen ihrer Abschlüsse werden entweder von den Konsumenten getragen oder, bei Krisenindustrien, einfach vom Steuerzahler. Die Arbeitgeber stehen anonym mitverantwortlich für die sozialen Errungenschaften, deren die Gewerkschaften sich rühmen. Der Widerstand der Arbeitgeberverbände ist verbal heftig, in der Sache weniger, wie vor einiger Zeit beim Protest gegen die Arbeitszeitverkürzung in der Stahlindustrie oder bei der Aufnahme der Ladenschlußzeiten in den Tarifvertrag in Hamburg.

Sprecher der Arbeitgeberverbände werden nicht müde, über die schwindende Attraktivität des Industriestandorts Bundesrepublik zu klagen wegen der Lohnnebenkosten, der Betriebsbesteuerung, der arbeitsrechtlich festgezurrten Immobilität der Personalstruktur. Bei den Klagen wird nie hinzugefügt, daß die Hälfte der Lohnnebenkosten von den Arbeitgebern tarifvertraglich mit vereinbart worden ist. Analoges gilt für die Einführung neuer Technologien oder für mannigfache Versuche, Arbeitsplätze zu humanisieren. Gleichviel, ob irgendeine Regelung in einem Tarif oder in einer Betriebsvereinbarung festgelegt worden ist, eine Arbeitgeberunterschrift steht immer darunter.

Wie jeder vernünftige Mensch verlangen auch die Arbeitgeberverbände eine Reform der Rentenversicherung, der Krankenversicherung, der Altersversorgung. In allen Selbstverwaltungskörperschaften dieser Sozialversicherungen sitzen die Arbeitgeber zu 50 Prozent und haben all das mit zu vertreten, was den Zwang zur Reform erst ausgelöst hat. Sie halten an dieser Präsenz auch fest, obwohl die Arbeitgeberbeiträge zu den Versicherungen längst wirtschaftlich Lohnbestandteile geworden sind und sie die Körperschaften nicht mitzutragen brauchen, in denen ihr eigentlicher Wille nicht zum Zuge kommt.

Die Arbeitgeberverbände haben es in der öffentlichen Meinung schwer. Mit Recht, denkt manchmal der Zeitgenosse. Die soziale Partnerschaft hat zweifellos zu einem stabilen inneren Frieden beigetragen. Das ist eine große Leistung. Aber wie jeder stabile Frieden enthält auch der soziale ein deutliches Element der Ungerechtigkeit. Er schreibt immer einen Status quo fest, ausschließlich zugunsten derer, die die Macht haben, ihn abzuschließen.

Das Soziale wird unsozial

Die mächtigste Vokabel unserer politischen Sprache ist das Wort sozial. Es ersetzt allmählich jedes Argument und steht gewissermaßen für den höchsten Wert, den das öffentliche Bewußtsein noch anerkennt – höher als das Recht, das als »formal« denunziert werden kann, höher als Freiheit, Selbstverantwortung und Selbstbestimmung, die als erstrebenswerte Ideale hauptsächlich im Hinblick auf andere Länder in den Festreden vorkommen. Sozial ist das, wogegen sich kein Widerspruch erheben darf, sozial ist das, was Stimmen bringt, zu dessen Vertretung kein Politiker auch nur ein Fünkchen Mut braucht. Gegen das Soziale ist kein Einwand möglich, außer allenfalls der, daß es derzeit nicht finanzierbar sei – ein Einwand auf Zeit, denn dahinter steht, daß es eigentlich geschehen müsse.

Der Begriff sozial hat zu Hunderten von Begriffswucherungen geführt, die in andere Sprachen nicht übersetzt werden können. Das Wort sozial ist zudem Hauptwort der deutschen politischen Sprache geworden und verrät, daß unsere Gesellschaft so satt geworden ist, daß sie in der permanenten Verteilung der materiellen Güter – nicht etwa in ihrer Produktion – ihren Hauptauftrag sieht und daß sie im Staat vor allem den Wohltäter erkennt, der die Ansprüche aller erfüllt, die sich machtvoll artikulieren können. »Sozialverträglich« ist darum jede politische Maßnahme, der keine Gruppe widerspricht; anzufügen ist gleich, daß die Bürger als Bürger, als Verbraucher und Steuerzahler nicht organisiert und nicht organisierbar sind und keine Gruppe bilden.

Das Grundprinzip des Sozialen ist der »Transfer«: Man nimmt jenen, die als begünstigt gelten, um diejenigen zu begünstigen, die als bedürftig definiert werden. Dabei gibt es jeweils einen interessierten Dritten, nämlich den sozialen Apparat, der vom Vollzug der Transferleistungen lebt und sein Auskommen hat. Längst hat aber der Mengeneffekt des Transfers dazu geführt, daß die sozial Begünstigten nach einiger Zeit selbst für eine erneute Umverteilung in Anspruch genommen werden müssen, weil die Transfergüter knapp geworden sind, neue Bedürftigengruppen definiert werden und der Verteilungsapparat, der nicht abgeschafft wird, keinesfalls funktionslos bleiben soll.

Um zu beweisen, daß ihre Steuerreform sozialverträglich ist, hat die Regierung den sogenannten Grundfreibetrag erhöht. Das kostet knapp sechs Milliarden Mark und bringt jedem Steuerzahler, ob Sekretärin oder Minister, netto gleichmäßig rund 200 Mark – profan gesagt: einen Kasten Bier im Monat. Korrekter gesagt: brächte, weil sich die Regierung das Geld über eine Erhöhung der Mineralölsteuer wieder hereinholt. 1972 errechnete Sozialminister Arendt bis 1990 einen Überschuß der Rentenversicherung von einigen hundert Milliarden Mark, was den Oppositionsführer Barzel damals zu der ironischen Frage veranlaßte, ob der Minister nicht Lire gemeint habe. Der prognostizierte Überschuß führte zu einer Fülle sozialer Wohltaten, unter anderen der Streichung des Krankenkassenbeitrages der Rentner. Heute ist er wieder eingeführt, weil die Rentenversicherung am Rande des Defizits steht.

Ein ähnlicher Rückblick dürfte in zwanzig Jahren dem sozialen Werk Minister Blüms beschieden sein, der mit der Krankenversicherungsreform die teilweise Übernahme der Pflegekosten für Alte eingeführt hat. Die radikale Veränderung der Altersstruktur wird nach dem Urteil der Versicherungswirtschaft dazu führen, daß die gesetzlichen Krankenkassen an den ihnen aufgebürdeten Pflegekosten zugrunde gehen.

Das sind nur Beispiele dafür, daß die ungebremste Dynamik des Sozialen schließlich zum umgekehrten Generationsvertrag führt: Wir schaffen uns das soziale Wohlbefinden, und ihr könnt sehen, wo ihr bleibt.

Die Besetzungszeit ist zu Ende

Die Bundesrepublik tut sich im Umgang mit den Medien schwer. Das liegt vor allem daran, daß das Parteienkartell, das die Rundfunkanstalten seit deren Gründung in der Besetzungszeit besetzt hält und das auch die Zeitungsgründungen bis in die frühen fünfziger Jahre beherrscht hat, sich nicht daran gewöhnen will, daß der Informationsfluß und die freie Meinungsäußerung unabhängig von den für die politische Gewalt geltenden Regelungen sich vollziehen, also nicht nach Proporz und Parität sich richten.

Man sieht noch heute jedem Parteisprecher die Empörung und Entrüstung an, wenn es um unbotmäßige Äußerungen der öffentlichen Meinung geht: Da haben sich Leute zu Urteilen erfrecht, die doch gar kein demokratisches Mandat haben! Unseren Politikern ist nämlich nie beigebracht worden, daß man ein solches Mandat nur braucht, wenn man andere Bürger beherrschen will, aber nicht, wenn man seine Meinung äußert. Der Bürger ist als solcher im Besitz der demokratischen Grundrechte und bedarf keines Auftrags eines anderen oder gar der Erlaubnis eines Politikers, um ihm zu widersprechen.

Die Besetzungsmächte hatten die Instrumente der öffentlichen Meinung zunächst als solche der Umerziehung zugelassen, und es besteht kein Zweifel, daß die öffentlich-rechtlichen Anstalten, die sich sämtlich auf die Besetzungsmächte zurückführen, diesen Auftrag als einen allgemeinen Erziehungsauftrag geerbt und verinnerlicht haben.

Die privatrechtliche Presse hat sich längst von den Parteien emanzipiert, weil sie anders nicht hätte überleben können; die Parteizeitungen für das allgemeine Publikum sind fast alle verschwunden.

Bei unserer Ausgangslage war es nicht verwunderlich, daß der Zulassung privatrechtlichen Fernsehens und Rundfunks lebhafter Widerspruch begegnete, weil eben nicht nur das Monopol der Öffentlich-Rechtlichen, sondern das der Parteien selber im Bereich der elektronischen Medien bedroht war. Und so schritt man dann halbherzig auch noch nach der Wende zur Tat, obgleich die christlich-liberale Koalition die Macht der Politorganisationen zugunsten der Freiheit der Gesellschaft zu beschneiden versprochen hatte. Trotz der Halbherzigkeit scheint der Durchbruch zu mehr Informationsfreiheit, zu größerer Pluralität der öffentlichen Meinung zu gelingen.

Die Zahl der Kabelanschlüsse ist exponentiell gestiegen. Millionen Haushaltungen können mittlerweile unter mehr als einem Dutzend Fernsehprogrammen wählen. In einigen Gebieten der Bundesrepublik Deutschland sind die Privatsender RTL plus und SAT 1 über Antenne zu empfangen. Das Monopol der anmaßenden Volksaufklärer ist gebrochen.

In den Regionen, wo die Privatsender mit den alten konkurrieren, haben sie sich in den Einschaltquoten schon auf einen Platz zwischen ARD und ZDF geschoben. Ihr Programmangebot wird vor allem dann genutzt, wenn die beiden Systeme sich durch Programmabsprache oder informell darauf verständigt haben, ihre Unterrichtsstunden zur Sozialkunde nicht durch gute Unterhaltung auf dem anderen Kanal zu beeinträchtigen.

Von den heuchlerischen Einwendungen der Honoratioren, ein kommerzielles Programm werde der angeblichen Lüsternheit der Bevölkerung nachgeben und die Sitten verwildern, ist nichts geblieben. Eher tritt eine Sehnsucht danach auf, die alten Anstalten möchten das, was sie gut können, wieder ernst nehmen und die neue pfiffige Unterhaltung nicht mit spießigkleinbürgerlicher verwechseln.

Öffentlicher Dienst

Die Deutschen als ein philosophisches Volk lieben die Abstrakta und die Allgemeinbegriffe und meinen, daß diese nicht nur im Reich der Ideen Ordnung schaffen, sondern auch in der Wirklichkeit. So reden Literaten gern vom »Geist« als einer sozialen Realität, was in anderen Sprachen nicht leicht möglich wäre. Die Unternehmer sprechen bedeutungsvoll von der »Wirtschaft« und die Politiker vom »Staat« – alles großflächige Wörter von scheinbarer Bestimmtheit, die in Wahrheit den Blick aufs Konkrete verstellen und deren Allgemeinheit sich auf Gemeinplätzen bestens bewährt.

Immer wieder wird auch ein Oberbegriff strapaziert, der unserer öffentlichen Sprache gleichfalls eigentümlich ist: der vom »öffentlichen Dienst«. Dies handliche Begriffspaar trifft ein Gesamt von verschiedensten Tatbeständen, die in anderen Sprachen je spezifische Namen haben. Die Engländer unterscheiden mindestens zwischen Civil Service, Military Service, Foreign Service. Bei den Amerikanern kommt hinzu, ob es sich um Bundes-, Staats- oder Kommunalbedienstete handelt. Im Deutschen ist, was verschieden ist, im Begriffe eins.

Die Absurdität der Rede vom öffentlichen Dienst wird deutlich, wenn man sich klarmacht, daß auch die Beamten und Angestellten der Geheimdienste dem öffentlichen Dienst angehören. Man kann das Wort auch nicht durch »Staatsdienst« ersetzen, weil dann die kommunalen Amtsträger nicht dazugehörten. Stellt man auf »öffentlich-rechtlich« ab, dann wären zwar die Kommunen dabei, aber gleichfalls die Redakteure der Rundfunkanstalten und die Religionsdiener der Kirchen, die öffentlich-rechtliche Körperschaften sind. Auch das »Hoheitliche« ist kein Kriterium für den öffentlichen Dienst, weil die Müllabfuhr ihm ebenso zugerechnet wird wie die Armee.

Das alles, könnte man meinen, sei zwar begrifflich bedenklich, aber in Wahrheit bedeutungslos. Dem ist nicht so – es bleibt auch in unserem Fall der Satz des alten Konfuzius richtig, daß die Ordnung des Staates die Ordnung der Begriffe zur Grundlage hat. Wie mag man vernünftig über Gehaltspolitik im öffentlichen Dienst debattieren, wenn man die Unterscheidung verwischt, die zwischen dem Lehrer besteht und dem Spezialisten der GSG 9, zwischen dem Überangebot von Soziologen für den öffentlichen Dienst und dem Mangel an technischem Fachpersonal? Und ist nicht die Diskussion um den Radikalenerlaß deswegen so morastig, weil es auf die Frage Links- und Rechtsradikale im öffentlichen Dienst so schwer eine befriedigende Antwort gibt, während auf die Frage nach politischen Extremisten unter Offizieren, Polizisten, Richtern, Pädagogen oder aber unter Schaffnern, Oberförstern, Amtsärzten sich unschwer eine Regel ergibt.

Um zum Ausgangspunkt zurückzukehren: Allgemeinbegriffe schaffen nicht nur Unordnung unter Ideen, sondern verwirren auch die Wirklichkeit.

Nachweis und Dank

Manche Überlegungen, die Kapiteln dieses Buches zugrunde liegen, sind im Dialog mit dem Publikum entstanden; bei einigen ist noch ein Duktus gesprochenen Textes herauszuhören. – Das Kapitel über den Bonner Stil wurde im GEO-Sonderheft über die Bundeshauptstadt abgedruckt. Das Kapitel über Hitler beruht auf einem Beitrag in der Festschrift für Joachim Fest (Siedler Verlag, 1986); das über Adenauer auf einem einleitenden Essay in der »Geschichte der Bundesrepublik Deutschland« (Deutsche Verlags-Anstalt/F. A. Brockhaus, 1983). Die Stücke des Kapitels Einzelheiten sind zuerst in den Zeitschriften »Capital« und »Impulse« erschienen.

Für die kritische Durchsicht des Buches bin ich Dr. Reinhard Lebe von der Deutschen Verlags-Anstalt und Dr. Dorothee Werner zu Dank verpflichtet, vor allem dem Freund und Kollegen Dr. Walter Geis.